初中数学

图形与几何

教学策略与错因分析

陶 俊　吴正强 ◎ 编著

安徽师范大学出版社

ANHUI NORMAL UNIVERSITY PRESS

·芜湖·

图书在版编目(CIP)数据

初中数学"图形与几何"教学策略与错因分析 / 陶俊,吴正强编著. —芜湖:安徽师范大学出版社,2024.4

ISBN 978-7-5676-6744-0

Ⅰ.①初… Ⅱ.①陶… ②吴… Ⅲ.①中学数学课–初中–教学参考资料 Ⅳ.①G633.633

中国国家版本馆CIP数据核字(2024)第080337号

初中数学"图形与几何"教学策略与错因分析

陶　俊　　吴正强◇编著

责任编辑:孔令清　　　　　　责任校对:吴毛顺　汪　元

装帧设计:王晴晴　冯君君　　责任印制:桑国磊

出版发行:安徽师范大学出版社

　　　　　芜湖市北京中路2号安徽师范大学赭山校区　　　邮政编码:241000

网　　　址:http://www.ahnupress.com

发 行 部:0553-3883578　5910327　5910310(传真)

印　　刷:江苏凤凰数码印务有限公司

版　　次:2024年4月第1版

印　　次:2024年4月第1次印刷

规　　格:700 mm × 1000 mm　　　1/16

印　　张:13.25

字　　数:200千字

书　　号:978-7-5676-6744-0

定　　价:55.00元

凡发现图书有质量问题,请与我社联系(联系电话:0553-5910315)

序

  本书编者都是资深中学数学教研员和一线初中数学优秀教师,有着深耕初中数学教育沃土的宝贵经验,他们在《中学数学教学参考》《中小学数学》《中学数学》《中学数学月刊》等刊物上发表许多教育教学研究成果。欣闻《初中数学"图形与几何"教学策略与错因分析》和《初中数学"数与代数及统计与概率"教学策略与错因分析》两本书即将出版,随即联系借来校样先睹为快。翻阅此书,印象深刻,思绪万千。此书脉络清晰,深入浅出,剖析了学生解题错因并可指导教师精准教学,将对提升初中数学教师教学策略以及减少学生解题失误产生积极的影响。

  本书有以下几个特点。

  特点之一:本书梳理了初中数学的主要知识脉络,将"知识点—应知应懂"夯实,对于基础部分数学知识的地位和作用给予中肯的评论,引导师生关注"四基",以扎实的数学功底为核心,适当技巧点缀其间,凸显"眼高手也高"的特色。

  特点之二:本书对易错知识点有详尽的介绍,发挥"易错点—辨误明理"的作用,通过错点查找、出错归因、反思明理等思维过程,构建精准的纠错评价观。作者在大量的研课、听课、评课中收集典型错例,在教育理想和教育情怀的加持下,充分发挥研究、指导、服务的教学职能,认真总结数学教研经验,勇于探索改革创新,组织研究"查错、辨误、明理"的数学教学策略,辐射面广,对一线数学教学有较强的指导意义。

  特点之三:本书不仅对数学解题及解题教学作了概括的介绍,而且对一些重要"析案例—避误纠错"进行细致的说明。作者用敏锐的眼光,对整个初中数学解题教学有着明确的认识,带领团队对各数学领域的重要案例进行了细致入微分析;对可能遇到的解题误区及陷阱给予恰当提示;对学生解题心理给予科学辅导等。全书高屋建瓴、独具匠心、避误纠错、辨误明理,不仅可以满足师生对数学解题过程与方法的了解,而且可以深入体会数学解题避免误区的艰苦历程,掌握解题策略创新的来龙去脉,其中有些策略在其他数学教学指导书中好似从未见过。

最后,本书除数学教学策略经验提炼外,还创设了许多有趣的解题教学交流情境,不仅提升了可读性,而且读之趣味盎然。这在其他数学教学指导书中也难以见到。由于时间较紧,未能将全书仔细拜读。作为初阅者,我认为此书可作为初中数学师生置诸案头随时翻阅的精品书籍之一。不论是初中数学教师,还是学生,乃至于数学业余爱好者,品读此书都会开卷有益并收获颇丰。

安徽师范大学数学与统计学院
董建功
2024年2月7日于文津花园

前　言

　　"图形与几何"是初中数学课程内容的一大模块,主要包括线、角、相交线、平行线、三角函数、三角形、四边形、多边形、与圆有关的概念和性质、圆的位置关系及有关计算、图形的轴对称、平移、旋转、相似等知识点.

　　依托铜陵市教研部门和相关学校,经过多年的教研、教学常规检查、随堂推门听课等活动,发现教师教学中存在概念模糊、理解不透、问题不清、解题有误、法则混淆、思维紊乱、方法不当等问题.随后,我们组织一线初中数学教师针对存在的问题进行"听—查—看—谈—问",再结合《义务教育数学课程标准(2022年版)》要求,开始策划选题、谋篇布局、准备著书,以帮助教师进行系统教学、精讲精练、辨误明理,惠助学生自主学习、应知应懂、会练善练,将数学知识融会贯通,使数学题训练准确无误,力争教学策略与错因分析完美结合.

　　从2018年开始,义安区、铜官区、枞阳县、市直等学校便深入了解了初中数学教师的教与学生的学,针对教学中存在的问题,要求教师上课必须备课,同时备知识点、备易错点、备例题变式题、备案例分析等,并督促学生上课记"数学笔记",做"错题本",课后根据"数学笔记"温故而知新,通过"错题本"明理而知惑.现将六年来的教、学、练等资料,分类、整理、著书,进而推广教学经验.

　　该书以大单元教学为框架,以课时教学为单位,从"知识点""易错点""析案例"三个方面归纳单元课时的教学知识要点和易错点,经历探索图形特征、建立基本几何概念、学习尺规作图等过程,理解平面图形的性质、掌握基本几何证明、知道图形的多种变换及特征,能用平面直角坐标系描述图形的位置与运动、发展空间观念和几何直观等,其中析案例从"考点、错解、错点、错因、正解、反思"六个方面剖析问题,有一定的教学实践意义和应用价值.

从教师的角度看,本书可帮助教师在课堂教学中对知识点、易错点进行归纳和分析,书中案例分析及避误纠错,也可为教师进行例题讲解、随堂训练、变式拓展以及布置课后作业等提供一些素材.

从学生的角度看,本书适合学生自主学习、自行分析、自我提升,通过了解知识点、易错点、经典案例等,学会寻错归因、避误纠错、举一反三,培养学生归纳、思考、分析、明理的好习惯.

本书遵循"实践—认识—再实践—再认识"的教与学认知规律,对教师的教和学生的学有借鉴和指导作用,其应用性、实践性和适用性强,对学生提升数学成绩也有一定的针对性、启发性和实用性.

最后,衷心感谢铜陵市许多一线初中数学老师的辛勤实践和原始材料的积累,感谢铜陵市教体局教科所中学数学教研员金超老师悉心指导,感谢枞阳县浮山中学特级教师、正高级教师唐录义老师热心策划,感谢所有为本书的编写和出版付出辛勤劳动的工作人员,特别感谢安徽师范大学数学与统计学院的董建功教授为本书作序,并提出修改意见,正是有了你们的支持和配合,才使得本书顺利出版.

希望本书的编写和推广,能够为初中数学的教与学提供一些新思想、新思维、新方法和新路径,能够帮助教师和学生更好地应对初中数学教与学中的各种挑战,从而提高学校教育教学质量.

由于原始材料繁多、编者水平有限等,疏漏、错误和不当之处在所难免,敬请读者不吝赐正!

目　录

第一单元　三角形

三角形是基本的几何图形之一,在生产和生活中有着广泛的应用.三角形有很多重要的性质,如稳定性、三角形的内角和等于180度等,等腰三角形和直角三角形还具有特殊的边角关系.本单元主要是初步了解一些简单平面几何知识和三角形及其基本特征,进行简单的推理,熟悉证明要求,同时注重证明思路的分析,有助于学生学好推理证明,为后续学习做好铺垫.

全等三角形或相似三角形是初中阶段培养逻辑推理能力的重要内容,主要包括证明两个三角形全等或相似,以及通过证明三角形全等或相似,再证明两条线段或两个角的数量关系.在学生已有推理论证经验的基础上,利用三角形全等或相似的证明,进一步培养学生推理论证的能力.

第1课　角、平行线与相交线

★ 知识点——应知应懂 ★

1. 直线、射线和线段

(1) 理解两个基本事实:两点确定一条直线;两点之间,线段最短.

(2) 理解两点间距离的概念.

(3) 掌握线段中点的定义及几何表示.

2. 角的相关概念及性质

(1) 理解角的定义及角的度量和比较.

(2) 掌握余角、补角的概念和性质,会进行余角、补角的计算.

(3) 理解角平分线的定义及性质,会进行角平分线的判定.

3. 相交线

(1) 理解对顶角、邻补角的定义,会识别具体图形中的"三线八角".

(2) 掌握垂线及其性质,理解点到直线的距离的概念.

4. 平行线

(1) 理解平行线的定义,了解平行公理及其推论的内容.

(2) 会进行平行线的判定.

(3) 能合理应用平行线的性质探索角的关系.

(4) 掌握平行线间距离的概念,并能灵活应用.

5. 命题、定理和证明

(1) 理解命题的定义,了解命题的结构,能对命题的形式进行改写.

(2) 会进行真、假命题的判断,能用举反例的方法证明假命题.

(3) 了解基本事实、定理与命题的关系.

(4) 理解互逆命题和互逆定理的概念.

(5)结合具体问题探究,了解证明的必要性和意义,会用推理证明方法证明真命题.

★ **易错点——辨误明理** ★

(1)基本事实判断不准确.

(2)余角和补角的概念应用不准确.

(3)"三线八角"的概念理解不清.

(4)平行线的判定定理和性质定理应用不准确.

(5)距离的含义理解不准确.

(6)不能准确地识别几何图形导致分析错误.

(7)命题的结构分析和改写错误.

(8)平移中对方向和距离分析不准确导致出错.

(9)平移作图中性质应用错误.

(10)多情况问题未能进行分类讨论或分类不完整.

★ **析案例——避误纠错** ★

易错点一 基本事实判断不准确

案例1 建筑工人砌墙时,经常在两个墙角的位置分别插一根木桩,然后拉一条直的参照线,其运用到的数学原理是(   )

A.两点之间,线段最短

B.两点确定一条直线

C.垂线段最短

D.过一点有且只有一条直线和已知直线平行

【考点涉及】两点确定一条直线.

【错解呈现】错解一:两根木桩间所连的是线段,因此两点之间,线段最短,故选A.

错解二:所拉线段与木桩垂直,故选C.

【错点查找】(仔细阅读上面的"错解呈现",并将其中错误之处勾画出来)

在两根木桩间拉一条直的参照线,是分析问题的关键,抓住直的线,而不是线段,进行判断.

【出错归因】四基(基础知识、基本技能、基本思想、基本活动经验)性失误:对数学现象所蕴含的数学原理判断混乱.

【正解参考】两根木桩可代表两个点,所拉直线代表经过两点的直线.因此,两点确定一条直线,选B.

【反思明理】解决本题的关键是理论联系实际,学会在日常生活中感受数学知识的应用,分析问题应抓住关键点.

易错点二 余角和补角的概念应用不准确

案例2 如图,直线$AC/\!/BD$,AO,BO分别是$\angle BAC$,$\angle ABD$的平分线,那么下列结论错误的是(　　)

A. $\angle BAO$与$\angle CAO$相等

B. $\angle BAC$与$\angle ABD$互补

C. $\angle BAO$与$\angle ABO$互余

D. $\angle ABO$与$\angle DBO$不等

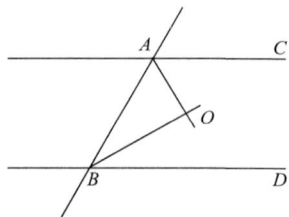

【考点涉及】平行线的性质,余角、补角的概念,角平分线的定义.

【错解呈现】错解一:因审题失误,以为选择正确结论,故选A,B,C.

错解二:未考虑到角平分线的作用和正确地判断角的关系,故选C.

【错点查找】(仔细阅读上面的"错解呈现",并将其中错误之处勾画出来)

解题时应准确地理解题意,本题要求选择错误的结论,由角平分线的定义可以得到相等的角,由平行线的性质可以得到同旁内角互补,解题时应正确地应用角平分线和平行线的性质.

【出错归因】心理性失误:未能准确审题,盲目判断和选择.

【正解参考】∵AO,BO分别是∠BAC,∠ABD的平分线,

∴∠CAO=∠BAO,∠ABO=∠DBO,

∵AC//BD,

∴∠CAB+∠ABD=180°,

∴∠OAB+∠ABO=90°.

故A,B,C正确,应选D.

【反思明理】本题主要考查角平分线的定义,平行线性质的应用,互余互补关系的判断等.两直线平行,同位角相等,内错角相等,同旁内角互补,同时同位角、内错角的角平分线互相平行,同旁内角的角平分线互相垂直,学习中要注意积累和运用.

案例3 如图,直线AB,CD相交于点O,EO⊥AB于点O,∠EOD=50°,则∠BOC的度数为_____.

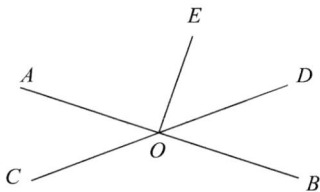

【考点涉及】垂直的定义,余角、补角的计算.

【错解呈现】∵EO⊥AB,∠EOD=50°,

∴∠BOD=50°,

∴∠BOC=180°-∠BOD=130°.

故∠BOC=130°.

【错点查找】(仔细阅读上面的"错解呈现",并将其中错误之处勾画出来)

未仔细看清图中角的相互关系,或者计算出错.

【出错归因】心理性失误:计算不细心,角度代换出错.

【正解参考】∵EO⊥AB,

∴∠EOD+∠BOD=90°,

$\therefore \angle BOD=90°-\angle EOD=40°$,

$\therefore \angle BOC=180°-\angle BOD=140°$.

故 $\angle BOC=140°$.

【反思明理】本题主要考查垂直的定义,余角、补角的相关计算.由线的垂直关系得到直角,再结合邻补角和互余关系进行计算,是基本的解题思路.

易错点二　"三线八角"的概念理解不清

案例4　如图,直线 AD,BC 被直线 BF 和 AC 所截,则 $\angle 1$ 的同位角是_____,$\angle 5$ 的内错角是_____,$\angle 3$ 的同旁内角是_____.

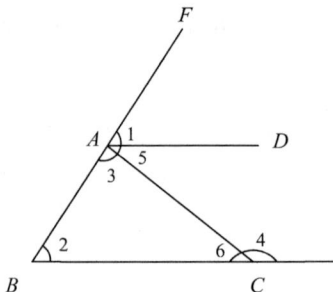

【考点涉及】同位角、内错角、同旁内角的定义和对具体图形的判断.

【错解呈现】错解一:两条直线被第三条直线所截,故 $\angle 1$ 的同位角是 $\angle 2$ 与 $\angle 4$,$\angle 5$ 的内错角是 $\angle 6$,$\angle 3$ 的同旁内角是 $\angle 2$.

错解二:其他同错解一,$\angle 3$ 的同旁内角是 $\angle 6$.

【错点查找】(仔细阅读上面的"错解呈现",并将其中错误之处勾画出来)

两条直线被第三条直线所截,会形成"三线八角",具体判断时,应抓住截线和被截直线的位置进行判断,"错解一"中的 $\angle 1$ 与 $\angle 4$ 之间没有任何关系,不构成同位角;"错解二"中 $\angle 3$ 的同旁内角是 $\angle 2$ 与 $\angle 6$.

【出错归因】四基性失误:对同位角、内错角、同旁内角的定义模糊不清,判断混乱.

【正解参考】$\angle 1$ 与 $\angle 2$ 是直线 AD,BC 被直线 BF 所截形成的同位角;

$\angle 5$ 与 $\angle 6$ 是直线 AD,BC 被直线 AC 所截形成的内错角;

∠3与∠6是直线AB,BC被直线AC所截形成的同旁内角;∠3与∠2是直线AC,BC被直线AB所截形成的同旁内角.

故∠1的同位角是∠2;∠5的内错角是∠6;∠3的同旁内角是∠2与∠6.

【反思明理】本题主要考查同位角、内错角、同旁内角的定义等.两直线平行,同位角相等,内错角相等,同旁内角互补,同时同位角、内错角的角平分线互相平行,同旁内角的角平分线互相垂直,学习中要注意积累和运用相关知识.

易错点四 平行线的判定定理和性质定理应用不准确

案例5 如图,直线AB∥EF,点C是直线AB上一点,点D是直线AB外一点,若∠BCD=95°,∠CDE=25°,则∠DEF的度数为_____.

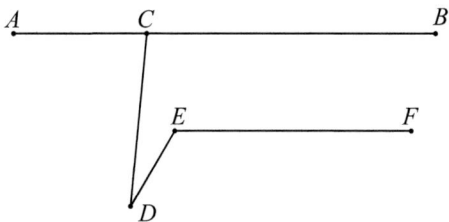

【考点涉及】平行线的性质,平行公理的推论的应用.

【错解呈现】错解一:∵AB∥EF,

∴∠DEF=∠DCB=95°.

错解二:没有想到作辅助线的方法,无解题思路.

【错点查找】(仔细阅读上面的"错解呈现",并将其中错误之处勾画出来)

本题重在考查平行线的性质应用和传递性作辅助线的方法,其中∠DEF与∠DCB并非同位角,故无相等关系,也不能单纯地由角度加减得到∠DEF的大小.

【出错归因】策略性失误:解题方法积累不够,不能有效地转化问题.

【正解参考】如图所示,过点D作DG∥EF.

∵AB∥EF,

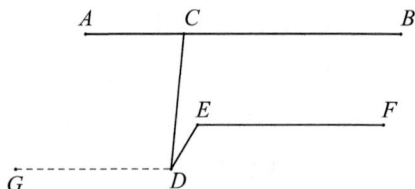

$\therefore DG\parallel AB$,

$\therefore \angle GDC=\angle BCD=95°$,

$\therefore \angle DEF=\angle EDG=\angle GDC+\angle CDE$

$\qquad =95°+25°=120°$,

故$\angle DEF=120°$.

【反思明理】当所求角之间没有直接关系时,可以通过作过"拐点"的平行线来构造同位角、内错角和同旁内角,构建所求角之间的关系,进而转化求解.

案例6 如图,直线$AB\parallel CD$,BC平分$\angle ABD$,$\angle 1=54°$,求$\angle 2$的度数.

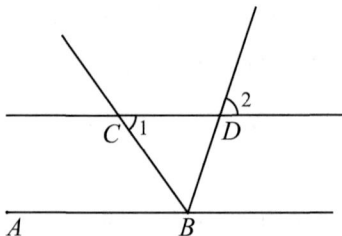

【考点涉及】平行线的性质,角平分线性质,三角形内角和的应用.

【错解呈现】$\because AB\parallel CD$,

$\therefore \angle ABC=\angle 1=54°$,

$\because BC$平分$\angle ABD$,

$\therefore \angle CBD=\angle ABC=54°$,

由两直线平行,内错角相等知:$\angle 2=\angle CBD=54°$.

【错点查找】(仔细阅读上面的"错解呈现",并将其中错误之处勾画出来)

以上错解中没有正确地判断$\angle 2$与$\angle CBD$之间的关系,从而导致错误的产生.

【出错归因】四基性失误:未能准确地应用平行线的性质定理,基础知识不过关.

【正解参考】解法一:$\because AB\parallel CD$,

$\therefore \angle ABC=\angle 1=54°$,

∵BC平分∠ABD,

∴∠CBD=∠ABC=54°,

∴∠2=180°-∠1-∠CBD=180°-108°=72°.

解法二:∵AB∥CD,

∴∠ABC=∠1=54°,

∵BC平分∠ABD,

∴∠CBD=∠ABC=54°,

∴∠2=180°-∠DBA=180°-108°=72°.

【反思明理】本题主要考查平行线性质和角平分线性质的应用,平行线结合角平分线可以构造等腰三角形,对角的位置和大小关系的正确判断是解本题的关键.

案例7　学习了平行线后,小敏想出了过已知直线外一点画这条直线的平行线的新方法,通过折一张半透明的纸得到[如图(1)~(4)]:

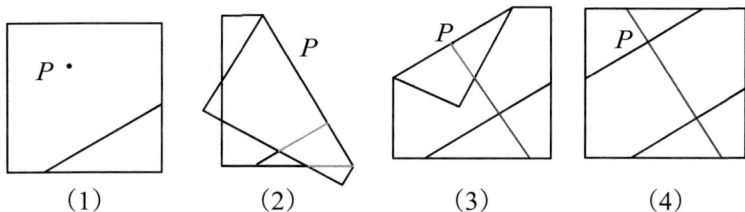

(1)　　　　(2)　　　　(3)　　　　(4)

从图中可知,小敏画平行线的依据有(　　　)

①两直线平行,同位角相等;②两直线平行,内错角相等;③同位角相等,两直线平行;④内错角相等,两直线平行.

A.①②　　　　　B.②③　　　　　C.③④　　　　　D.①④

【考点涉及】平行线的判定.

【错解呈现】未仔细审题而选择A,或未理清思路而选择B或D.

【错点查找】(仔细阅读上面的"错解呈现",并将其中错误之处勾画出来)

题干中的关键字是"画平行线的依据有",由此可知,本题应寻找判定两直线平行的条件,即利用何种判定定理判断所折线与已知直线互相平行.A,

B,D选项显然包含了平行线的性质定理,不符合题意要求.

【出错归因】逻辑性失误:未能准确分析题意,平行线的判定和性质应用混乱.

【正解参考】由折纸过程可知:图(2)是过点P折叠了已知直线的垂线,图(3)再次利用对称折叠了垂线的垂线,由垂直于同一直线的两条直线互相平行可知:所得直线与已知直线互相平行,原理应为③④,故选C.

【反思明理】本题为操作探究性问题,较为全面地考查了基础知识掌握和结合实际的应用能力.解题时可及时地使用手边的材料进行操作,直观地得到结果,也可分析图中折叠过程产生的结果,准确理解题意,然后进行判断.

易错点五 距离的含义理解不准确

案例8 如图,△ABC是锐角三角形,过点C作CD⊥AB,垂足为点D,则点C到直线AB的距离是_____.

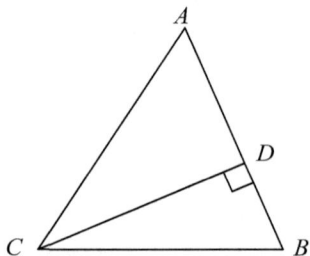

【考点涉及】点到直线的距离的定义及判断.

【错解呈现】错解一:线段CD.

错解二:线段AD或线段BD.

【错点查找】(仔细阅读上面的"错解呈现",并将其中错误之处勾画出来)

解题的关键在于准确地理解点到直线的距离的概念并进行填空.

【出错归因】四基性失误:对点到直线的距离的概念理解不准确,或未能准确识图.

【正解参考】线段 CD 的长度.

【反思明理】中学阶段涉及三个距离的概念:(1)两点间距离,即连接两点的线段的长度;(2)点到直线的距离,即过直线外一点向已知直线作垂线段,垂线段的长度为该点到直线的距离;(3)平行线之间的距离,即夹在两平行线之间的垂线段的长度,是两平行线间的距离.答题时应注意距离是线段的长度,而不是线段.

案例9 如图,在矩形 $ABCD$ 中,$AB=5$,$AD=3$,动点 P 满足 $S_{\triangle PAB}=\frac{1}{3}S_{矩形ABCD}$,则点 P 到 A,B 两点距离之和 $PA+PB$ 的最小值为(　　)

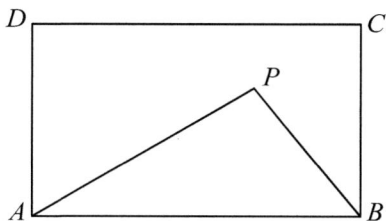

A. $\sqrt{29}$　　　　B. $\sqrt{34}$　　　　C. $5\sqrt{2}$　　　　D. $\sqrt{41}$

【考点涉及】两条直线间距离的定义,矩形的性质应用,最值问题,对称作图,勾股定理等.

【错解呈现】错解一:没有解题思路,未得到准确结果.

错解二:根据所求结果为 $PA+PB$ 的最小值,联想到利用对称作图,但是未能利用好 $S_{\triangle PAB}=\frac{1}{3}S_{矩形ABCD}$ 这个条件,未能转化出点 P 位置的特点,未得到准确结果.

【错点查找】(仔细阅读上面的"错解呈现",并将其中错误之处勾画出来)

本题是一道综合程度较高的问题,综合考查了分析、转化、识图、作图等能力.准确地转化 $S_{\triangle PAB}=\frac{1}{3}S_{矩形ABCD}$ 这个条件,得到点 P 在平行于 AB 的直线上,且到 AB 的距离为2,是解题的突破口.

【出错归因】策略性失误:未能理解问题的本质,及时转化条件,未能准确识图.

【正解参考】设△PAB中边AB上的高是h.

∵ $S_{\triangle PAB} = \frac{1}{3} S_{矩形ABCD}$,

∴ $\frac{1}{2}AB \cdot h = \frac{1}{3}AB \cdot AD$,

∴ $h = \frac{2}{3}AD = 2$,

∴动点P在与AB平行且与AB的距离是2的直线l上.

如图,作A关于直线l的对称点E,连接AE,BE,则BE的长就是所求的最短距离.

在Rt△ABE中,∵AB=5,AE=2+2=4,

∴ $BE = \sqrt{AB^2 + AE^2} = \sqrt{5^2 + 4^2} = \sqrt{41}$,

即PA+PB的最小值为 $\sqrt{41}$.

【反思明理】本题作为中考选择压轴题,较为全面地考查了学生分析问题、转化问题、解决问题的能力,涉及的知识点有三角形面积的计算、平行线距离的转化、利用对称求解最值问题的方法等.解题中应积极转化面积条件,找到动点P的轨迹,突破难点,再利用对称,结合勾股定理求解答案.

易错点六 不能准确地识别几何图形导致分析错误

案例10 如图,点D在△ABC的AB边上,且∠ACD=∠A.

(1)作∠BDC的平分线DE,交BC于点E(用尺规作图法,保留作图痕迹,不要求写作法);

(2)在(1)的条件下,判断直线DE与直线AC的位置关系.

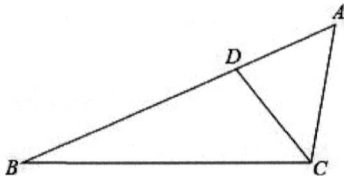

【考点涉及】尺规作图作平分线,平行线的判定.

【错解呈现】(1)角平分线的尺规作图方法不熟悉或者遗忘,无法准确作图.

(2)能凭感觉判断$DE/\!/AC$,但不能写出完整的证明过程.

【错点查找】(仔细阅读上面的"错解呈现",并将其中错误之处勾画出来)

(1)根据角平分线基本作图的作法作图即可;

(2)根据角平分线的性质可得$\angle BDE=\dfrac{1}{2}\angle BDC$,根据三角形内角与外角的性质可得$\angle A=\dfrac{1}{2}\angle BDC$,再根据"同位角相等,两直线平行"可得结论.熟练掌握五个基本尺规作图方法.

【出错归因】四基性失误:尺规作图方法掌握不熟练.

逻辑性失误:未能准确识图,平行线的判定证明不完整.

【正解参考】(1)如图所示:

(2)$DE/\!/AC$.

∵DE平分$\angle BDC$,

∴$\angle BDE=\dfrac{1}{2}\angle BDC$,

∵$\angle ACD=\angle A$,$\angle ACD+\angle A=\angle BDC$,

∴$\angle A=\dfrac{1}{2}\angle BDC$,

∴$\angle A=\angle BDE$,

∴$DE/\!/AC$.

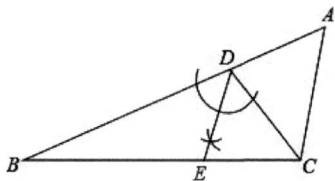

【反思明理】本题主要考查角平分线的尺规作图,以及平行线判定的证明.准确地掌握尺规作图方法是完成第(1)小题的必要准备.初中阶段常用尺规作图有以下五个:(1)作一条线段等于已知线段;(2)作一个角等于已知角;(3)作已知角的平分线;(4)作已知线段的垂直平分线;(5)过一点作已知直线的垂线.在第(2)小题中,利用角平分线的定义,得到了同位角相等,即可得两直线平行.

案例11 如图,直线 $a /\!/ b$, $\angle 1+\angle 2=75°$,则 $\angle 3+\angle 4=$ _____.

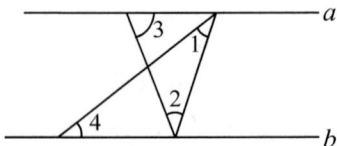

【考点涉及】平行线性质的应用,三角形内角和的应用.

【错解呈现】未能正确地分析图形中各个角的位置关系,错误地进行计算:

$\because a /\!/ b$,

$\therefore \angle 3+\angle 4=\angle 1+\angle 2=75°$.

【错点查找】(仔细阅读上面的"错解呈现",并将其中错误之处勾画出来)

以上错解中,未对几个角的位置关系进行准确的分析,也没有准确地应用平行线的性质转化角进行计算.

【出错归因】心理性失误:观察较复杂的图形时,没有沉着冷静地分析题干中的每一个条件,而是武断地作出错误的判断.

【正解参考】解法一:如图所示,易知 $\angle 5=\angle 1+\angle 2=75°$,

$\because a /\!/ b$,

$\therefore \angle 3=\angle 6$,

$\therefore \angle 3+\angle 4=\angle 6+\angle 4=180°-\angle 5$

$=180°-75°=105°$.

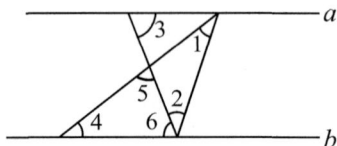

解法二: $\because a /\!/ b$,

$\therefore \angle 3=\angle 6$,

由三角形内角和定理知: $\angle 1+\angle 2+\angle 6+\angle 4=180°$,

$\therefore \angle 3+\angle 4=\angle 6+\angle 4=180°-75°=105°$.

【反思明理】当问题的图形较为复杂时,准确地分析图形的数量关系,是解题的关键.本题中所给的四个角,并非"三线八角"关系,但可以通过平行线性质的转化,构建数量关系,再结合三角形内角和定理进行计算,即可得到所求两角和.

易错点七 命题的结构分析和改写错误

案例12 命题"等腰三角形的两底角的平分线相等"的逆命题是_____.

【考点涉及】命题结构的分析,互逆命题的关系,命题的改写.

【错解呈现】(1)未审清题意,写为:如果一个三角形是等腰三角形,那么这个三角形的两个底角平分线相等.

(2)未能准确地找出原命题的题设和结论,导致逆命题写不出来.

【错点查找】(仔细阅读上面的"错解呈现",并将其中错误之处勾画出来)

(1)问题要求写出逆命题而不是改写原命题;

(2)首先要分析清楚原命题的题设和结论,再进行逆命题的改写.

【出错归因】四基性失误:命题的结构分析不到位,不会进行命题的改写,逆命题概念不理解等.

逻辑性失误:原、逆命题关系未能准确把握.

【正解参考】原命题改写为"如果…那么…"的形式应为:如果一个三角形是等腰三角形,那么这个三角形的两个底角平分线相等.逆命题与原命题的关系是交换题设和结论,因而逆命题应写为:如果一个三角形中有两个角的平分线相等,那么这个三角形是等腰三角形.

【反思明理】对命题的定义的理解,对命题结构的准确分析,对原、逆命题关系的理解,是解决本题的前提.改写命题时,切记不能"拦腰斩断",前一半是题设,后一半是结论,而是用陈述性的语句分别描述条件和结论.写逆命题时也不是简单地交换题设和结论,而是准确地改变其中某些词语,如本题中,在等腰三角形前提下可以写底角,但在一般三角形中,无底角和顶角之分,因此,在书写逆命题时,应及时将"两个底角"改写为"两个角".

案例13 如图,已知在△ABC中,∠1=∠2.

(1)请你添加一个与直线AC有关的条件,由此可得出BE是△ABC的外角平分线;

(2)请你添加一个与∠1有关的条件,由此可得出 BE 是△ABC 的外角平分线;

(3)如果"已知在△ABC 中,∠1=∠2"不变,请你把(1)中添加的条件与所得结论互换,所得的命题是否是真命题,理由是什么?

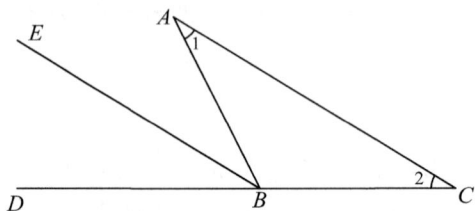

【考点涉及】角平分线的判定,命题的概念和命题结构的分析.

【错解呈现】(1)未能准确分析题意,无法写出 AC 满足的条件.

(2)∠1=∠ABE.

(3)由于第(1)小题未完成,导致无法写出准确的推理过程.

【错点查找】(仔细阅读上面的"错解呈现",并将其中错误之处勾画出来)

开放性的问题答案不唯一,抓住题干中每一小题的条件,如"与直线 AC 有关的条件""与∠1有关的条件",才能进行准确的作答.

【出错归因】心理性失误:无法准确地添加条件,把问题设想得过于复杂.

逻辑性失误:原、逆命题关系未能准确把握.

【正解参考】(1)AC∥BE;

(2)∠1=∠ABE 或∠1=∠DBE;

(3)是真命题,理由如下:

∵BE 是△ABC 的外角平分线,

∴∠ABE=∠DBE,

又∵∠ABD 是△ABC 的外角,

∴∠ABD=∠1+∠2,

即∠ABE+∠DBE=∠1+∠2,

又∵∠ABE=∠DBE,∠1=∠2,

∴∠ABE=∠1,

∴AC∥BE.

【反思明理】开放型的问题要求在作答时,能准确定位所需条件,并利用假设等方法进行验证,前两小题的答案不唯一,第(3)小题是在前两题的基础上,对逆命题进行考查和证明,分析清楚题设和结论是解题关键.

易错点八　平移中对方向和距离分析不准确导致出错

案例14 如图,把直角梯形$ABCD$沿AD方向平移到梯形$EFGH$,HG=24 m,MG=8 m,MC=6 m,则阴影部分的面积是(　　　)

A.168 m² 　　　　　B.128 m² 　　　　　C.98 m² 　　　　　D.156 m²

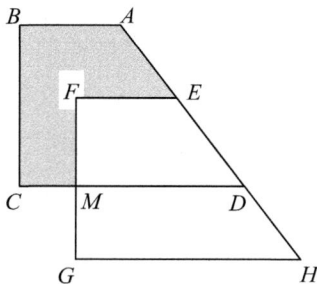

【考点涉及】平移的性质,图形面积的计算.

【错解呈现】(1)直接计算阴影部分面积,但因阴影部分是不规则图形而无法得到计算结果.

(2)能将阴影部分面积转化为求解梯形$MGHD$的面积,但对题干中数据分析不到位,导致无法求解出来.

【错点查找】(仔细阅读上面的"错解呈现",并将其中错误之处勾画出来)

平移的性质告诉我们:平移前后图形全等,固此可将阴影部分面积转化为求解梯形$MGHD$的面积.

【出错归因】四基性失误:平移的性质掌握不熟练.

逻辑性失误:未能准确进行图形面积的转化求解.

【正解参考】∵梯形EFGH是由直角梯形ABCD平移得到,

∴$S_{梯形ABCD} = S_{梯形EFGH}$,

∴$S_{梯形ABCD} - S_{梯形EFMD} = S_{梯形EFGH} - S_{梯形EFMD}$

∵$CD=GH=24$ m,$CM=6$ m,

∴$MD=CD-CM=18$ m,

∴$S_{阴影} = S_{梯形DMGH} = \frac{1}{2} \times 8 \times (18 + 24) = 168$(m²),故选A.

【反思明理】平移的性质有:(1)平移前后图形全等;(2)对应点的连线平行(或在同一条直线上)且相等.本题正是抓住这两条性质进行求解,将阴影部分面积转化为可求解的梯形面积,进行计算.

易错点九 **平移作图中性质应用错误**

案例15 如图,在边长为1个单位长度的小正方形网格中,给出了△ABC(顶点是网格线的交点).

(1)请画出△ABC关于直线l对称的△$A_1B_1C_1$;

(2)将线段AC向左平移3个单位,再向下平移5个单位,画出平移得到的线段A_2C_2,并以它为一边作一个格点△$A_2B_2C_2$,使$A_2B_2=C_2B_2$.

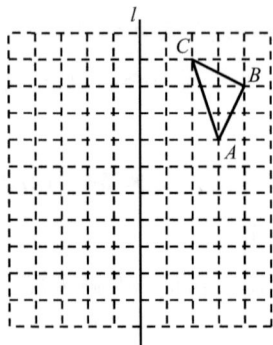

【考点涉及】对称作图,平移作图.

【错解呈现】对称或平移的性质掌握不到位,导致作图不准确.

【错点查找】(仔细阅读上面的"错解呈现",并将其中错误之处勾画出来)

掌握平移或对称的性质是进行对称或平移作图的前提.

【出错归因】四基性失误:平移或对称的性质掌握不牢固.

心理性失误:作图方法不熟练,或审题不清导致出错.

【正解参考】如图所示,本题答案不唯一.

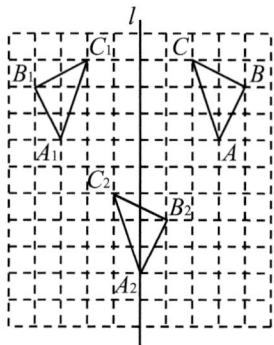

【反思明理】本题主要考查平移变换和轴对称变换,牢固地掌握平移和轴对称的性质,是准确作图的关键.平移作图需要具备以下三个条件,缺一不可:

(1)已知图形.刚学习平移作图,已知图形一般是线段、角、三角形、四边形或其他由线段构成的简单图形等.

(2)平移的方向.平移的方向是指已知图形上的某一点到它对应点的方向,或沿某条射线的方向.

(3)平移的距离.平移的距离是图形上的某一点与它的对应点所连线段的长度,或是一具体长度.

易错点十 多情况问题未能进行分类讨论或分类不完整

案例16 如图,在方格纸中,线段 a,b,c,d 的端点在格点上,通过平移其中两条线段,使得和第三条线段首尾相接组成三角形,则能组成三角形的不同平移方法有(　　)

A. 3种 　　　　 B. 6种 　　　　 C. 8种 　　　　 D. 12种

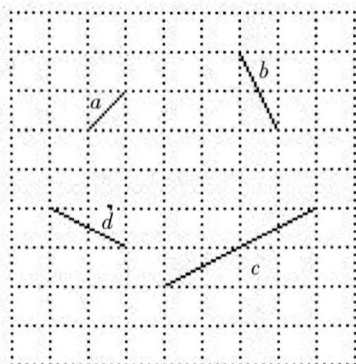

【考点涉及】平移的性质,勾股定理,三角形三边关系.

【错解呈现】对构成三角形的分类不完整导致选择错误.

【错点查找】(仔细阅读上面的"错解呈现",并将其中错误之处勾画出来)

本题需要进行准确的长度计算与合理的分类讨论,平移前后线段长度不变,是构图的基础.

【出错归因】策略性失误:对全部的情况考虑不完善.

心理性失误:作图方法不熟练,或审题不清导致出错.

【正解参考】由图示,假设网格单位长度为1,则根据勾股定理可得 $a = \sqrt{2}$,$b = \sqrt{5}$,$c = 2\sqrt{5}$,$d = \sqrt{5}$.

∵ $a + b < c$,$a + d < c$,$b + d = c$,$b - a < d < b + a$,

∴根据三角形构成条件,只有 a,b,d 三条线段首尾相接能组成三角形.

如答图所示,通过平移 a,b,d 其中两条线段,使得和第三条线段首尾相接组成三角形,能组成三角形的不同平移方法有6种.

故选B.

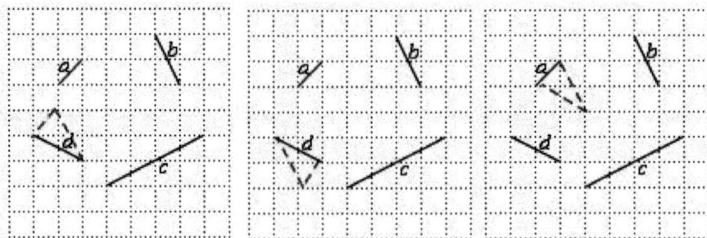

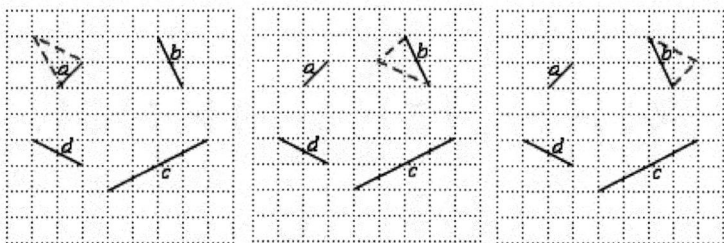

【反思明理】本题主要考查平移作图、勾股定理和三角形三边关系.根据已知图形计算出 $a = \sqrt{2}$,$b = \sqrt{5}$,$c = 2\sqrt{5}$,$d = \sqrt{5}$,结合三角形三边关系,将所有可构成三角形的情况考虑完全,再进行作图,分类讨论要有理有据,结论要不重不漏.

第2课 一般三角形与特殊三角形

★ 知识点——应知应懂 ★

1.三角形及与三角形有关的线段

(1)理解三角形及与三角形有关的线段(边、高、中线、角平分线、中位线)的概念.

(2)知道三角形的分类(按边分、按角分).

(3)了解三角形重心、内心、外心的概念和性质,了解三角形的内切圆与外接圆的性质.

(4)理解三角形的稳定性并能应用.

2.三角形的内角、外角

(1)理解三角形内角、外角的概念,掌握三角形外角的性质.

(2)会证明三角形内角和定理,了解三角形外角和.

(3)掌握直角三角形两个锐角互余,以及有两个角互余的三角形是直角三角形.

3.多边形及与多边形有关的边、角、对角线

(1)了解多边形的有关概念(边、内角、外角、对角线、正多边形).

(2)掌握多边形对角线的条数公式.

(3)掌握多边形的内角和与外角和公式.

4.等腰三角形和等边三角形

(1)了解等腰三角形的概念,知道等边三角形是特殊的等腰三角形.

(2)掌握等腰三角形的性质和判定,并能灵活应用.

(3)理解等边三角形的性质和判定.

(4)理解含30°角的直角三角形的性质,并能进行计算和推理.

5. 直角三角形

(1)了解直角三角形两锐角互余,以及能判断有两个角互余的三角形是直角三角形.

(2)掌握勾股定理及其逆定理的内容,并能进行计算或证明.

(3)理解直角三角形斜边上的中线等于斜边的一半的性质.

(4)会求直角三角形的面积,并能用等积法计算直角三角形斜边上的高.

★ **易错点——辨误明理** ★

(1)忽视三角形三边数量关系.

(2)三角形有关线段的性质应用有误.

(3)三角形内角、外角之间转化条理不清.

(4)多边形相关性质转化不灵活.

(5)三角形中位线定理应用不准确.

(6)不能熟练解决与等腰三角形分类讨论有关的问题.

(7)等腰三角形三线合一性质及其逆命题的探究与应用出错.

(8)等边三角形相关问题再探究出错.

(9)在利用勾股定理求解有关问题时,考虑不全面而出错.

(10)未能准确应用"直角三角形斜边上的中线等于斜边的一半"而出错.

★ **析案例——避误纠错** ★

易错点一　忽视三角形三边数量关系

案例1　从长度为 3 cm, 5 cm, 7 cm, 10 cm 的四根木棒中任选三根木棒组成三角形,可以构成三角形的数量是(　　)

A. 1个　　　　　　B. 2个　　　　　　C. 3个　　　　　　D. 4个

【考点涉及】三角形的三边关系.

【错解呈现】从四根木棒中任取三根,可以得到:(1)3 cm,5 cm,7 cm;(2)3 cm,5 cm,10 cm;(3)3 cm,7 cm,10 cm;(4)5 cm,7 cm,10 cm.因此,可以构成四个三角形,故选D.

【错点查找】(仔细阅读上面的"错解呈现",并将其中错误之处勾画出来)

在上述错解中,忽略了三角形三边关系的要求.在所得的第(2)组线段中有3+5<10,第(3)组中有3+7=10,均不符合三角形三边关系的要求,无法构成三角形,错解显然未及时用三边关系进行检验.

【出错归因】四基性失误:三角形三边关系掌握不熟练.

心理性失误:马虎大意,思维不严谨.

【正解参考】从四根木棒中选择三根,共有四种搭配,但其中仅有3 cm,5 cm,7 cm与5 cm,7 cm,10 cm满足三边关系,可以构成三角形,故选B.

【反思明理】三角形的三边关系可以用于判断所给三条线段是否可以构成三角形,也可以由已知两边确定第三边的取值范围.本题求解中要及时利用三边关系检验得到的三根木棒是否可以构成三角形,学习中应形成谨慎细心的态度和习惯.

案例2 已知二次函数 $y = x^2 + bx - 3$ 的图象经过点 $P(-2,5)$.

(1)求 b 的值,并写出当 $1 < x \leq 3$ 时 y 的取值范围;

(2)设 $P_1(m,y_1)$,$P_2(m+1,y_2)$,$P_3(m+2,y_3)$ 在这个二次函数的图象上.

①当 $m=4$ 时,y_1,y_2,y_3 能否作为同一个三角形三边的长?请说明理由.

②当 m 取不小于5的任意实数时,y_1,y_2,y_3 一定能作为同一个三角形三边的长,请说明理由.

【考点涉及】待定系数法求二次函数解析式,二次函数的基本性质,三角形的三边关系.

【错解呈现】(1)∵二次函数 $y = x^2 + bx - 3$ 的图象经过点 $P(-2,5)$,

∴当 $x = -2$ 时,有 $(-2)^2 + (-2)b - 3 = 5$,解得 $b = -2$.

∴二次函数的解析式为 $y = x^2 - 2x - 3$,

即 $y = (x - 1)^2 - 4$.

∴当 $1 < x \leqslant 3$ 时, $-4 < y \leqslant 0$.

(2)①当 $m=4$ 时,可得 $P_1(4,5)$, $P_2(5,12)$, $P_3(6,21)$,

则有 $y_1 = 5$, $y_2 = 12$, $y_3 = 21$,

∴ y_1, y_2, y_3 可以作为同一个三角形三边的长.

②无法转化题目条件,不会求解.

【错点查找】(仔细阅读上面的"错解呈现",并将其中错误之处勾画出来)

本题的第(2)小题是对三角形三边关系的考查,在上述错解中,①中求出 $y_1 = 5$, $y_2 = 12$, $y_3 = 21$ 后,未及时使用三角形三边关系进行检验,导致判断出错;第②小题主要是分析题意,求出 y_1, y_2, y_3 关于 m 的表达式,再结合整式的运算,利用三边关系进行判断.

【出错归因】策略性失误:遇到综合性问题,未能抓住问题的本质,陷入困境.

心理性失误:解题中有畏难情绪,对较为复杂的问题思考不深入.

【正解参考】(1)∵二次函数 $y = x^2 + bx - 3$ 的图象经过点 $P(-2,5)$,

∴当 $x = -2$ 时,有 $(-2)^2 + (-2)b - 3 = 5$,解得 $b = -2$.

∴二次函数解析式为 $y = x^2 - 2x - 3$,

即 $y = (x - 1)^2 - 4$.

∴当 $1 < x \leqslant 3$ 时, $-4 < y \leqslant 0$.

(2)①当 $m=4$ 时,可得 $P_1(4,5)$, $P_2(5,12)$, $P_3(6,21)$,

则有 $y_1 = 5$, $y_2 = 12$, $y_3 = 21$,

∵ $5+12<21$, ∴ y_1, y_2, y_3 不能作为同一个三角形三边的长.

②由题意知:

$y_1 = m^2 - 2m - 3$, $y_2 = (m + 1)^2 - 2(m + 1) - 3 = m^2 - 4$,

$y_3 = (m + 2)^2 - 2(m + 2) - 3 = m^2 + 2m - 3$,

当 m 取不小于5的任意实数时,有 $y_1 < y_2 < y_3$,且 $y_3 > y_2 - y_1$,

∵ $y_1 + y_2 - y_3 = m^2 - 4m - 4 = (m - 2)^2 - 8 > (5 - 2)^2 - 8 = 1$,

即 $y_1 + y_2 - y_3 > 0, y_1 + y_2 > y_3$,

∴ y_1, y_2, y_3 一定能作为同一个三角形三边的长.

【反思明理】本题是一道有关二次函数的综合性问题,第(1)小题考查待定系数法求函数解析式,利用二次函数性质在给定范围内求函数值的变化范围.第(2)小题从两个不同的侧面考查了三角形三边关系的运用,其中第①小题考查直接利用三边关系判断是否形成三角形,第②小题结合二次函数和整式运算、作差法比较大小等相关知识,考查三角形的形成情况,对运算和分析问题的要求较高,解题时应注意发散思维,联系相关知识.

易错点二 三角形有关线段的性质应用有误

案例3 如图,在 $\triangle ABC$ 中,AD 是 BC 边上的高,AE,BF 分别是 $\angle BAC$,$\angle ABC$ 的平分线.若 $\angle BAC=50°$,$\angle ABC=60°$,则 $\angle EAD + \angle ACD = ($ $)$

A.75°   B.80°   C.85°   D.90°

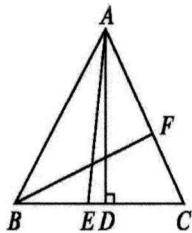

【考点涉及】三角形的高、角平分线性质、三角形内角和定理.

【错解呈现】由三角形内角和定理可以求得 $\angle ACD=70°$.

∵ AE 是 $\angle BAC$ 的平分线,

∴ $\angle EAC = \dfrac{1}{2}\angle CAB = 25°$.

但未能正确分析出 $\angle EAD$ 的求解方法,故未能得到正确的答案.

【错点查找】(仔细阅读上面的"错解呈现",并将其中错误之处勾画出来)

要想求出∠EAD+∠ACD,须分别求出两个角的大小,错解中没有正确地分析题意,利用角平分线的性质求出∠EAD的值,导致未能得到正确的答案.

【出错归因】策略性失误:未看到问题的本质,没有抓住有利条件求解.

心理性失误:马虎大意,审题不清.

【正解参考】由三角形内角和定理可以求得∠ACD=70°,

∴∠CAD=90°-∠ACD=20°.

∵AE是∠BAC的平分线,

∴∠EAC=$\frac{1}{2}$∠CAB=25°,

∴∠EAD=∠EAC-∠DAC=5°,

∴∠EAD+∠ACD=75°,故选A.

【反思明理】三角形的高、中线、角平分线是三角形中的几条特殊线段,本题着眼于特殊线段的性质应用,由高得到90°的角,由角平分线得到平分角,再结合角度的和差和三角形内角和进行计算.求解中应注意分析图形条件,找准切入点.

案例4 如图,在△ABC中,E是BC边上一点,且EC=2BE,点D是AC边的中点,设△ABC,△ADF,△BEF的面积分别为$S_{\triangle ABC}$,$S_{\triangle ADF}$,$S_{\triangle BEF}$,且$S_{\triangle ABC}$=18,则$S_{\triangle ADF}$-$S_{\triangle BEF}$的值为_____.

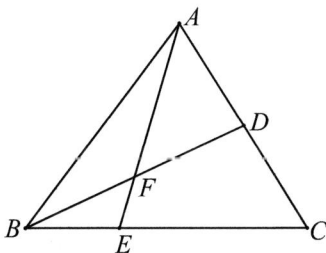

【考点涉及】三角形中线的性质,三角形面积的计算.

【错解呈现】由$S_{\triangle ABC}$=18,EC=2BE,点D是AC边的中点可知:

$S_{\triangle ABD}=\frac{1}{2}\times S_{\triangle ABC}=9$, $S_{\triangle ABE}=\frac{1}{3}\times S_{\triangle ABC}=6$,

∴$S_{\triangle ADF}-S_{\triangle BEF}=\frac{1}{2}\times 9-\frac{1}{3}\times 6=2.5$,

故所填答案为2.5.

【错点查找】(仔细阅读上面的"错解呈现",并将其中错误之处勾画出来)

结合三角形面积的计算方法和三角形的中线等分三角形的面积,可知:$S_{\triangle ABD}=9$,$S_{\triangle ABE}=6$,但上述错解中未找到正确计算$S_{\triangle ADF}-S_{\triangle BEF}$的方法,想当然地计算了两个三角形的面积,从而导致错误的产生.

【出错归因】策略性失误:图形关系分析不到位,未理解问题的本质.

心理性失误:分析问题不清楚,思路混乱.

【正解参考】由$S_{\triangle ABC}=18$,点D是AC边的中点可知:

$$S_{\triangle ABD}=\frac{1}{2}\times S_{\triangle ABC}=9,$$

由$EC=2BE$可知:

$$S_{\triangle ABE}=\frac{1}{3}\times S_{\triangle ABC}=6,$$

$\therefore$ $S_{\triangle ADF}-S_{\triangle BEF}=(S_{\triangle ABD}-S_{\triangle ABF})-(S_{\triangle ABE}-S_{\triangle ABF})=S_{\triangle ABD}-S_{\triangle ABE}=9-6=3$,

则所填答案为3.

【反思明理】三角形中线的性质是:平分三角形的边,且平分三角形的面积.同时,同底三角形面积比可以转化为高的比,而高相同的三角形面积比也等于底边之比.因此,本题在求解中,首先算得$S_{\triangle ABD}=9$,$S_{\triangle ABE}=6$,因两个三角形有公共部分,用面积差的关系即可计算得到$S_{\triangle ADF}-S_{\triangle BEF}$的值.

易错点三 三角形内角、外角之间转化条理不清

案例5 如图,在$\triangle ABC$中,$\angle ACB=90°$,$\angle A=55°$,将其折叠,使点A落在边BC上A_1处,折痕为CD,则$\angle A_1DB=$_____.

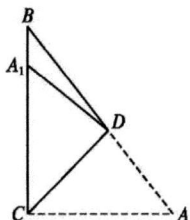

【考点涉及】轴对称的性质,三角形外角的性质.

【错解呈现】由∠ACB=90°,∠A=55°可知:∠B=35°,

由折叠过程可知:∠ACD=∠BCD=45°,

∴∠A_1DB=180°-∠BCD-∠B=180°-45°-35°=100°,

故应填:100°.

【错点查找】(仔细阅读上面的"错解呈现",并将其中错误之处勾画出来)

在上述错解中,没有仔细审题,混清求解对象,没有准确地利用外角性质转化求解.

【出错归因】四基性失误:三角形外角性质掌握不熟练.

心理性失误:马虎大意,审题不清,思路混乱.

【正解参考】∵∠ACB=90°,∠A=55°,

∴∠B=90°-∠A=35°,

由翻折的性质得∠CA_1D=∠A=55°,

所以∠A_1DB=∠CA_1D-∠B=55°-35°=20°,

故应填:20°.

【反思明理】三角形的外角性质是:外角等于不相邻的两个内角之和,本题首先由对称得到∠CA_1D=∠A,再利用外角性质将∠CA_1D转化为∠A_1DB与∠B的和.本题也可以利用多边形内角和来解题,解法不唯一,但合理地利用三角形外角性质,是最为简洁的求解方法.在有关三角形角度的计算中,要学会合理地利用外角.

案例6 已知:△ABC中,AB=AC,D为直线BC上一点,E为直线AC上一点,AD=AE,设∠BAD=α,∠CDE=β.

(1)如图,设点D在线段BC上,点E在线段AC上.

①如果$\angle ABC=60°$,$\angle ADE=70°$,那么$\alpha=$_____,$\beta=$_____.

②α,β之间的关系式:_____.

(2)是否存在不同于以上②中的α,β之间的关系式?若存在,请求出这个关系式(求出一个即可);若不存在,请说明理由.

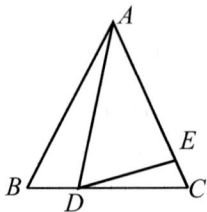

【考点涉及】三角形外角的性质,等腰三角形的性质,分类讨论思想.

【错解呈现】(1)①$\alpha=10°$,$\beta=10°$;②$\alpha=\beta$.

(2)没有找到α,β之间的其他关系式.

【错点查找】(仔细阅读上面的"错解呈现",并将其中错误之处勾画出来)

在上述错解中,没有准确地运用等腰三角形的性质和三角形外角的性质解题,得到错误的α角的大小,从而得到了错误的α,β的大小关系.

【出错归因】四基性失误:等腰三角形性质应用不准确,三角形外角性质应用不熟练.

心理性失误:马虎大意,思维不严谨,未把握问题的本质.

【正解参考】(1)①$\alpha=20°$,$\beta=10°$;

②$\because AB=AC$,$\therefore \angle B=\angle C$,$\because AD=AE$,

$\therefore \angle ADE=\angle AED=\angle C+\angle EDC=\angle C+\beta$,

$\therefore \angle ADC=\angle ADE+\beta=\angle C+2\beta$,

又$\because \angle ADC=\angle B+\angle BAD=\angle B+\alpha$,

$\therefore \alpha=2\beta$.

(2)本题答案不唯一.如下图,当点E在CA延长线上,点D在线段BC上时,设$\angle ABC=x$,$\angle ADE=y$,则$\angle ACB=x$,$\angle AED=y$,

在△ABD中,$x+\alpha=\beta-y$,

在△DEC中,$x+y+\beta=180°$,

则$\alpha=2\beta-180°$.

【反思明理】在第(1)小题中,由$AB=AC,AD=AE$,结合三角形的外角关系,不难求出α,β之间关系式.在第(2)小题中,可借助设未知数的方法,设$\angle ABC=x,\angle ADE=y$,用含$x,y$的式子去表示图形中其他角的大小,从而得$\alpha,\beta$之间的关系.本题中有很多种情况,但求解方法基本类似,如:点E在CA的延长线上,点D在CB的延长线上时,可得$\alpha=180°-2\beta$.

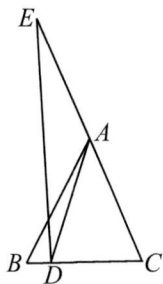

易错点四 多边形相关性质转化不灵活

案例7 如图,六边形$ABCDEF$的六个内角都相等,若$AB=1,BC=CD=3$,$DE=2$,则这个六边形的周长等于_____.

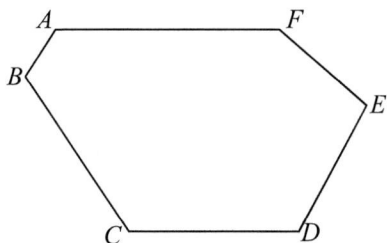

【考点涉及】多边形内角和定理,多边形周长计算,等边三角形的性质,转化思想.

【错解呈现】根据图形认为:$EF=2,AF=3$.

则所求六边形的周长为:$AB+BC+CD+DE+EF+AF=14$.

故应填:14.

【错点查找】(仔细阅读上面的"错解呈现",并将其中错误之处勾画出来)

在上述错解中,没有突破问题的本质,只是肤浅地猜测边长的关系,得到了错误的答案.

【出错归因】策略性失误：没有理解问题的本质，找到转化图形的有效方法.

【正解参考】根据题意：六边形的六个内角都相等,则可知每个内角都为120°,同时将六条边延长和反向延长,延长线交于G,H,I三点,如图所示：

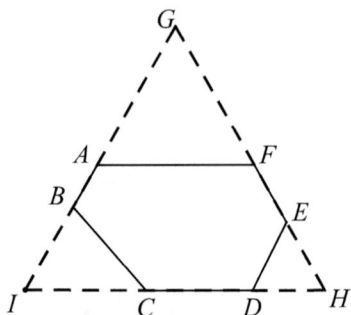

则由图形可知：△AGF,△BIC,△EDH,△GIH都是等边三角形,

且△GIH的边长$IH=IC+CD+DH=BC+CD+DE=8$,

∴$AF=AG=IG-AB-BI=8-1-3=4$,

∴$EF=GH-GF-EH=8-4-2=2$,

则所求六边形的周长为：$AB+BC+CD+DE+EF+AF=15$.

【反思明理】本题重点在于分析题意,抓住本质,利用多边形内角和公式求出多边形的每个内角大小,再由特殊角120°角入手,转化和构造等边三角形,结合等边三角形边长相等的性质进行转化和计算六边形的边长,进而求得周长.本题对于几何直观和大胆猜想能力要求较高,学习中应多积累方法和经验.

案例8 两个完全相同的正五边形都有一边在直线l上,且有一个公共顶点O,其摆放方式如图所示,则∠AOB=_____.

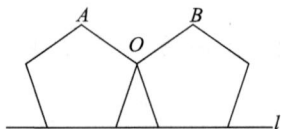

【考点涉及】正多边形的性质,多边形内角和.

【错解呈现】由多边形内角和公式可知：正五边形的内角和为$(5-2)×$

$180°=540°$.

则正五边形的每个内角大小为 $540°÷5=108°$,

则正五边形的每个外角大小为 $72°$,

∴ $∠AOB=72°×2=144°$,

故填: $144°$.

【错点查找】(仔细阅读上面的"错解呈现",并将其中错误之处勾画出来)

在上述错解中,虽然正确地应用了多边形内角和公式,及正多边形内角的求解方法,但是没有正确地分析其中角的大小关系,想当然地得到了 $∠AOB$ 是正五边形外角的两倍,从而导致错误的产生.

【出错归因】心理性失误:马虎大意,思维不严谨,审题不细致.

【正解参考】由多边形外角和公式可知:正五边形的外角和为 $360°$.

则正五边形的每个外角大小为 $360°÷5=72°$,

则正五边形的每个内角大小为 $180°-72°=108°$.

则两个正五边形所夹的等腰三角形底角为 $72°$,顶角为 $36°$,

∴ $∠AOB=360°-108°×2-36°=108°$,

故填: $108°$.

【反思明理】多边形内角和公式为: $(n-2)×180°$(其中 n 表示边数).多边形外角和等于 $360°$,计算正多边形的内角,既可以利用内角和,也可以利用外角和.本题求解中,不要主观臆断,应仔细考查角度关系,用最简洁的方式求解.

案例9 图1是我国古代建筑中的一种窗格,其中冰裂纹图案象征着坚冰出现裂纹并开始消融,形状无一定规则,代表一种自然和谐美.图2是从图1冰裂纹窗格图案中提取的由五条线段组成的图形,则 $∠1+∠2+∠3+∠4+∠5=$ _____.

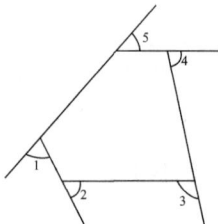

图1   图2

【考点涉及】多边形外角和,转化思想.

【错解呈现】猜想$\angle 1+\angle 2+\angle 3+\angle 4+\angle 5=(5-2)\times 180°=540°$,故填:540°.

【错点查找】(仔细阅读上面的"错解呈现",并将其中错误之处勾画出来)

上述错解中,没有准确地分析各个角的关系,而是武断地认为五个角的和等于五边形的内角和,从而得到错误的答案.

【出错归因】四基性失误:多边形外角和掌握不熟练.

心理性失误:马虎大意,思维不严谨.

【正解参考】观察图形可知,所求$\angle 1+\angle 2+\angle 3+\angle 4+\angle 5$即为五边形的五个不相邻的外角之和,根据"多边形外角和等于360°"可知:$\angle 1+\angle 2+\angle 3+\angle 4+\angle 5=360°$.

故应填:360°.

【反思明理】数学文化是近年来比较关注的考查方向,本题由中国古代建筑中的数学文化入手,考查多边形外角和的应用.解题时应注意审题,仔细观察各角关系,切忌想当然地进行判断.

易错点五　三角形中位线定理应用不准确

案例10　如图,$\triangle ABC$中,$AB=4$,$AC=3$,AD,AE分别是其角平分线和中线,过点C作$CG \perp AD$于点F,交AB于点G,连接EF,则线段EF的长为(　　　)

A.$\dfrac{1}{2}$　　　　B.1　　　　C.$\dfrac{7}{2}$　　　　D.7

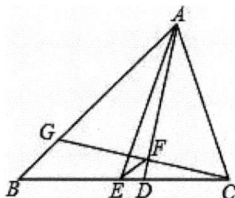

【考点涉及】角平分线、中线的性质,三角形中位线定理.

【错解呈现】没有准确的求解思路,靠猜测得到 $EF=AB-AC=1$.

【错点查找】(仔细阅读上面的"错解呈现",并将其中错误之处勾画出来)

本题题干所给的条件比较充分,求解中应及时抓住每一个条件,仔细思索每个条件可以得到哪些结论,如由 AD 是角平分线, $AD \perp CG$ 可以构造等腰三角形,再结合三角形中位线定理求解即可.

【出错归因】策略性失误:问题条件分析不仔细,没有看到问题的本质.

【正解参考】由 AD 是角平分线, $AD \perp CG$ 知: $\angle AGC = \angle ACG$,

∴ $AG=AC=3$,

由等腰三角形性质知:点 F 为 CG 的中点,

∴ EF 为 $\triangle BCG$ 的中位线,

∴ $EF = \dfrac{1}{2}BG = \dfrac{1}{2}(AB - AC) = \dfrac{1}{2}$,

故应选A.

【反思明理】本题求解的关键在于抓住角平分线和高重合的线段 AD 构造等腰三角形,进而利用等腰三角形三线合一性质,论证 EF 为 $\triangle BCG$ 的中位线,并结合中位线定理进行计算.三角形的中位线定理不仅包含了大小关系,还有位置关系,是证明线段长度相等或平行的重要工具.

案例11　如图,在扇形 OAB 中, $\angle AOB=90°$,点 C 是弧 AB 上的一个动点(不与点 A , B 重合), $OD \perp BC$, $OE \perp AC$,垂足分别为点 D , E .若 $DE=1$,则扇形 OAB 的面积为_____.

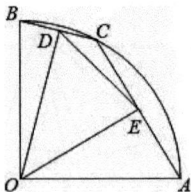

【考点涉及】垂径定理,三角形中位线定理,扇形面积计算公式,勾股定理.

【错解呈现】如图所示:由$\angle AOB=90°$,$DE=1$猜想扇形的半径为1,

则由扇形面积计算公式可知:$S_{扇形OAB}=\dfrac{90\pi \times 1^2}{360}=\dfrac{\pi}{4}$,

故应填:$\dfrac{\pi}{4}$.

【错点查找】(仔细阅读上面的"错解呈现",并将其中错误之处勾画出来)

想要求出扇形的面积,需求出扇形的半径和圆心角,错解中没有仔细分析题意,错误地将线段DE的长度当成了扇形的半径进行求解,思路混乱,结果错误.

【出错归因】四基性失误:垂径定理、三角形角平分线定理应用不准确,图形分析不准确.

【正解参考】由$OD\perp BC$,$OE\perp AC$可知:D,E分别为BC,AC的中点.

连接AB,由中位线定理可知:$AB=2DE=2$.

又$\because \angle AOB=90°$,$OA=OB$,

$\therefore$由勾股定理可知:$OA=OB=\sqrt{2}$,

$\therefore S_{扇形OAB}=\dfrac{90\pi \times (\sqrt{2})^2}{360}=\dfrac{\pi}{2}$.

故应填:$\dfrac{\pi}{2}$.

【反思明理】本题综合考查了圆与三角形的相关知识.由垂径定理可以确定D,E为线段中点,结合三角形中位线定理可以求得弦AB的长度,由勾股定理可以算得扇形的半径长,再结合扇形面积计算公式,算出扇形的面积.

准确地分析每一个条件,是解好问题的前提.

易错点六 **不能熟练解决与等腰三角形分类讨论有关的问题**

案例12 等腰三角形一腰上的高与另一腰的夹角为40°,则等腰三角形的底角的大小为_____.

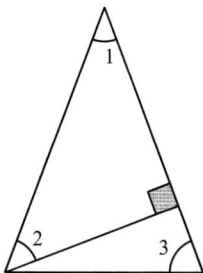

【考点涉及】等腰三角形的性质,三角形高的分类讨论.

【错解呈现】如图所示:过等腰三角形底边上的顶点向对边作垂线,

则∠2=40°,∠1=50°,

则等腰三角形的底角为∠3=(180°−50°)÷2=65°,

故应填:65°.

【错点查找】(仔细阅读上面的"错解呈现",并将其中错误之处勾画出来)

在上述错解中,忽略了对于三角形高的位置进行分类,不仅要考虑到高在三角形内部的情况,还要考虑到高在三角形外部,即形成钝角三角形的情况.

【出错归因】策略性失误:对于高的位置分类不完善,思维不严密.

【正解参考】根据题意,分高在三角形内部和高在三角形外部两种情况讨论:

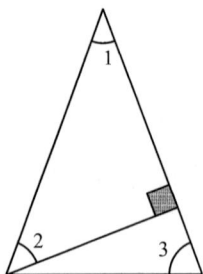
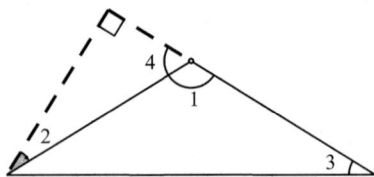

图1　　　　　　　　图2

如图1所示:当等腰三角形的高在三角形内部时,有∠2=40°,∠1=50°,则等腰三角形的底角为∠3=(180°-50°)÷2=65°.

故应填:65°.

如图2所示:当等腰三角形的高在三角形外部时,有∠2=40°,∠4=50°,

则由外角知识知:等腰三角形的底角为∠3=$\frac{1}{2}$×50°=25°.

故应填:25°.

综上可知:等腰三角形底角的大小为65°或25°.

【反思明理】对三角形高的位置进行分类讨论,是在解决与高相关问题时常用的方法.本题须首先进行分类,再利用高与另一腰的夹角,确定等腰三角形顶角的大小,进而利用"等腰三角形等边对等角"的性质,求解三角形的底角大小.

案例13 数学课上,张老师举了下面的例题:

例1 等腰三角形ABC中,∠A=110°,求∠B的度数.(答案:35°)

例2 等腰三角形ABC中,∠A=40°,求∠B的度数.(答案:40°或70°或100°)

张老师启发同学们进行变式,小敏编了如下一题:

变式:等腰三角形ABC中,∠A=80°,求∠B的度数.

(1)请你解答以上的变式题.

(2)解(1)后,小敏发现,∠A的度数不同,得到∠B的度数的个数也可能不同.如果在等腰三角形ABC中,设∠A=x°,当∠B有三个不同的度数时,请你探

索 x 的取值范围.

【考点涉及】等腰三角形的性质,分类讨论思想.

【错解呈现】(1)当∠A为顶角时,∠B=50°.

当∠A为底角时,若∠B为顶角,则∠B=20°;若∠B为底角,则∠B=80°.

∴∠B=50°或80°.

(2)当0<x<90时,

若∠A为底角,则∠B=x°或∠B=(180-2x)°.

当 $\dfrac{180-x}{2} \neq 180-2x$ 且 $\dfrac{180-x}{2} \neq x$ 且 $180-2x \neq x$,即 $x \neq 60$ 时,∠B有三个不同的度数.

综上,当0<x<90时,∠B有三个不同的度数.

【错点查找】(仔细阅读上面的"错解呈现",并将其中错误之处勾画出来)

在上述错解中,对等腰三角形内角的分类不完全,导致两个小题均没有准确地得到分类结果.

【出错归因】策略性失误:对于等腰三角形内角分类不完善,思维不严密.

【正解参考】(1)当∠A为顶角时,∠B=50°.

当∠A为底角时,若∠B为顶角,则∠B=20°;若∠B为底角,则∠B=80°.

∴∠B=50°或20°或80°.

(2)分两种情况:

①当90≤x<180时,∠A只能为顶角,

∴∠B的度数只有一个.

②当0<x<90时,

若∠A为顶角,则 $\angle B = \left(\dfrac{180-x}{2}\right)°$,

若∠A为底角,则∠B=x°或∠B=(180-2x)°,

当 $\dfrac{180-x}{2} \neq 180-2x$ 且 $\dfrac{180-x}{2} \neq x$ 且 $180-2x \neq x$,即 $x \neq 60$ 时,∠B有三

个不同的度数.

综合①②,当$0<x<90$且$x\neq60$时,$\angle B$有三个不同的度数.

【反思明理】等腰三角形中有等边对等角的性质,由于三角形内角和定理的限制,其中仅有顶角可能是钝角或者直角,等腰三角形的两个底角必为锐角.本题求解中,对已知角要进行分类,且分类标准统一,不重不漏,才能得到问题的正确答案.

易错点七 等腰三角形三线合一性质及其逆命题的探究与应用出错

案例14 如图,在 Rt$\triangle ABC$中,$AB=AC$,$AD\perp BC$,垂足为点D,E,F分别是CD,AD上的点,且$CE=AF$.如果$\angle AED=62°$,那么$\angle DBF=($)

A. 62° B. 38° C. 28° D. 26°

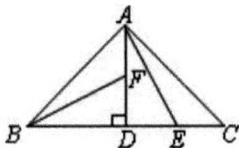

【考点涉及】等腰直角三角形的性质,全等三角形的判定,全等三角形的性质.

【错解呈现】由题意知:Rt$\triangle ABC$为等腰直角三角形,

∴$\angle ABC=\angle ACB=45°$,

∵$\angle AED=62°$,

易证:$\triangle ABF\cong\triangle CAE$.

则有$\angle AFB=\angle CEA$,$\angle DFB=\angle AED=62°$,

故选 A.

【错点查找】(仔细阅读上面的"错解呈现",并将其中错误之处勾画出来)

在上述错解中,没有认真审题,没有看清要求解的对象,造成了最后结果的错误,同时说理中也没有准确且简洁地应用等腰三角形"三线合一"的性质.

【出错归因】心理性失误:审题不清,马虎大意.

四基性失误:等腰三角形三边关系应用不准确.

【正解参考】$\because$ 在 Rt$\triangle ABC$ 中,$AB=AC$,$AD\perp BC$,

$\therefore \angle ABC=\angle ACB=45°$,$BD=AD=CD$,

$\because AF=CE$,

$\therefore DF=DE$,

又 $\angle BDF=\angle ADE=90°$,

$\therefore \triangle ABF\cong \triangle CAE$(SAS),

则 $\angle BFD=\angle AED=62°$,$\angle DBF=90°-\angle BFD=90°-62°=28°$.

故选 C.

【反思明理】等腰三角形中有"三线合一"的性质,等腰直角三角形中还有"斜边上的中线等于斜边的一半"的性质.本题求解中应仔细审题,理清思路,由等腰直角三角形的特殊性质,得到全等三角形,进而求出问题的答案.

案例15 如图,$\triangle ACB$ 和 $\triangle DCE$ 均为等腰三角形,点 A,D,E 在同一直线上,连接 BE.

(1)如图1,设 $\angle CAB=\angle CBA=\angle CDE=\angle CED=50°$.

① 求证:$AD=BE$;

② 求 $\angle AEB$ 的度数.

(2)如图2,若 $\angle ACB=\angle DCE=120°$,$CM$ 为 $\triangle DCE$ 中 DE 边上的高,BN 为 $\triangle ABE$ 中 AE 边上的高,试证明:$AE=2\sqrt{3}CM+\dfrac{2\sqrt{3}}{3}BN$.

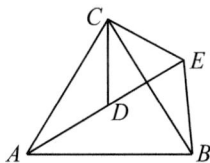

图1

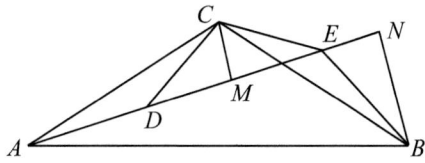

图2

【考点涉及】等腰直角三角形的性质,全等三角形的判定,全等三角形的性质,锐角三角函数与解直角三角形.

【错解呈现】①等腰三角形△ACB和△DCE的底角相等,则它们的顶角相等,故得∠ACD=∠BCE,于是易证△ACD≌△BCE,则AD=BE;

(2)与②都没有求解思路.

【错点查找】(仔细阅读上面的"错解呈现",并将其中错误之处勾画出来)

上述解法中,第①小题求解无误.②由①中△ACD≌△BCE,得∠CAD=∠CBE,于是∠EAB与∠ABE之和等于等腰△ACB的两底角之和,从而易求∠AEB的度数;(2)显然AE=DE+AD=DE+BE,则在等腰△DCE中用高CM表示DE的长,在Rt△BEN中用BN表示BE的长,结论即可获证.

【出错归因】心理性失误:审题不清,没有突破问题本质.

策略性失误:对于图形和条件较为复杂的问题习惯性放弃.

【正解参考】(1)①∵△ACB和△DCE均为等腰三角形,

∴AC=BC,CD=CE.

∵∠CAB=∠CBA=∠CDE=∠CED,

∴∠ACB=∠DCE,∴∠ACD=∠BCE,

∴△ACD≌△BCE(SAS),

∴AD=BE.

②由①得△ACD≌△BCE,∴∠CAD=∠CBE.

在△ABE中,∠AEB=180°-∠EAB-∠ABE

$\qquad\qquad$ =180°-∠EAB-∠ABC-∠CBE

$\qquad\qquad$ =180°-∠EAB-∠ABC-∠CAD

$\qquad\qquad$ =180°-∠CAB-∠ABC

$\qquad\qquad$ =180°-50°-50°=80°.

(2)在等腰△DCE中,∵CD=CE,∠DCE=120°,CM⊥DE,

∴∠DCM=$\frac{1}{2}$∠DCE=60°,DM=EM.

在Rt△CDM中,DM=CM·tan∠DCM=CM·tan60°=$\sqrt{3}$CM,

∴DE=2$\sqrt{3}$CM.

由(1)中②,得∠AEB=180°-∠CAB-∠ABC=180°-(180°-120°)=120°,

∴∠BEN=60°.

在 Rt△BEN 中,$\sin\angle BEN=\dfrac{BN}{BE}$,∴$BE=\dfrac{BN}{\sin 60°}=\dfrac{2\sqrt{3}}{3}BN$.

由(1)中①知AD=BE,

∴$AD=\dfrac{2\sqrt{3}}{3}BN$.

∴$AE=DE+AD=2\sqrt{3}CM+\dfrac{2\sqrt{3}}{3}BN$,

【反思明理】本题是一道较为复杂的几何综合题,涉及等腰三角形性质、全等三角形证明、锐角三角函数与解直角三角形等知识点的综合运用.解题时,对于特殊的等腰三角形,往往通过作底边上的高转化为解直角三角形的问题,并且相等角与线段的等量转换往往是沟通解证思路的"桥梁",起着关键作用.

易错点八　等边三角形相关问题再探究出错

案例16　如图所示,一艘海轮位于灯塔P的北偏东30°方向,距离灯塔4海里的A处,该海轮沿南偏东30°方向航行_____海里后,到达位于灯塔P的正东方向的B处.

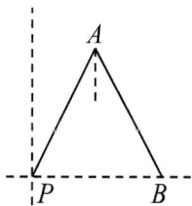

【考点涉及】方位角的应用,等边三角形的判定,等边三角形性质的应用.

【错解呈现】方位角性质应用不准确,凭猜测得到AB=4.

【错点查找】(仔细阅读上面的"错解呈现",并将其中错误之处勾画出来)

本题考查了方位角的应用、等边三角形的判定方法,关键在于得到 $\angle PAB=\angle APB=60°$,得到 $\triangle PAB$ 是等边三角形,所以 $AB=AP=4$ 海里.

【出错归因】四基性失误:方位角应用不准确.

心理性失误:审题不清,马虎大意.

【正解参考】如图,由题意,知 $\angle MPA=30°$,$\angle MPB=90°$,

$\therefore \angle APB=90°-30°=60°$,

$\because MP // AN$,

$\therefore \angle PAN=\angle MPA=30°$.

又 $\angle NAB=30°$,

$\therefore \angle PAB=30°+30°=60°$,

$\therefore \angle PAB=\angle APB=60°$,

$\therefore \triangle PAN$ 是等边三角形,

$\therefore AB=AP=4$,

故答案为 4.

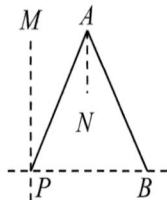

【反思明理】通过本题的求解,要明确掌握方位角的定义,因为其在实际生活中应用广泛.同时,应熟悉等边三角形的判定方法:①三边都相等的三角形是等边三角形;②三个角都相等的三角形是等边三角形;③有两个角都等于 60° 的三角形是等边三角形;④有一个角等于 60° 的等腰三角形是等边三角形.

案例 17 如图,对折矩形纸片 $ABCD$,使 AB 与 DC 重合,得到折痕 MN,将纸片展平;再一次折叠,使点 D 落到 MN 上的点 F 处,折痕 AP 交 MN 于点 E;延长 PF 交 AB 于点 G.求证:

(1)$\triangle AFG \cong \triangle AFP$;

(2)$\triangle APG$ 为等边三角形.

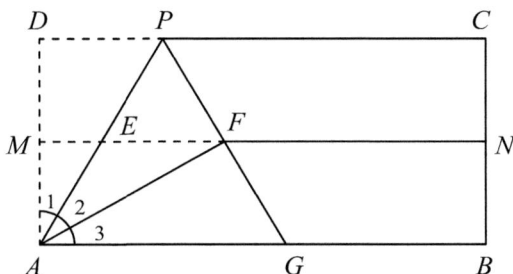

【考点涉及】轴对称的性质,等边三角形的判定,全等三角形的判定.

【错解呈现】(1)由SAS证明;(2)无准确证明方法.

【错点查找】(仔细阅读上面的"错解呈现",并将其中错误之处勾画出来)

(1)由折叠的性质得到M,N分别为AD,BC的中点,利用平行线分线段成比例得到F为PG的中点,再由折叠的性质得到AF垂直于PG,利用SAS即可得证;

(2)由(1)的全等三角形,得到对应边相等,利用"三线合一"得到$\angle 2=\angle 3$,由折叠的性质及等量代换得到$\angle PAG$为$60°$,根据$AP=AG$且有一个角为$60°$即可得证.

【出错归因】策略性失误:审题不清,没有看到问题的本质.

【正解参考】(1)由折叠可得M,N分别为AD,BC的中点,

$\because DC /\!/ MN /\!/ AB$,

$\therefore F$为PG的中点,即$PF=GF$,

由折叠可得$\angle PFA=\angle D=90°$,$\angle 1=\angle 2$,

$\therefore \triangle AFP \cong \triangle AFG$(SAS).

(2)$\because \triangle AFP \cong \triangle AFG$,

$\therefore AP=AG$,

$\because AF \perp PG$,

$\therefore \angle 2=\angle 3$,

$\because \angle 1=\angle 2$,

$\therefore \angle 1=\angle 2=\angle 3=30°$,

∴∠2+∠3=60°,即∠PAG=60°,

∴△APG为等边三角形.

【反思明理】此题考查了翻折变换(折叠问题)、全等三角形的判定与性质、等边三角形的判定,以及矩形的性质,熟练掌握折叠的性质是解本题的关键.

易错点九 在利用勾股定理求解有关问题时,考虑不全面而出错

案例18 如图,△ACB和△ECD都是等腰直角三角形,CA=CB,CE=CD,△ACB的顶点A在△ECD的斜边DE上.若AE=$\sqrt{2}$,AD=$\sqrt{6}$,则两个三角形重叠部分的面积为( )

A.$\sqrt{2}$　　　　B.$3-\sqrt{2}$　　　　C.$\sqrt{3}-1$　　　　D.$3-\sqrt{3}$

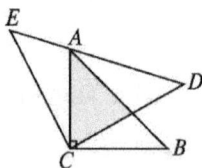

【考点涉及】勾股定理,等腰直角三角形的性质,三角形面积计算,图形分析.

【错解呈现】未能准确分析问题,解决问题.

【错点查找】(仔细阅读上面的"错解呈现",并将其中错误之处勾画出来)

本题考查勾股定理、等腰直角三角形的性质、三角形面积计算等知识点,能适当地转化条件是准确解题的前提.

【出错归因】策略性失误:几何图形转化分析能力不强.

【正解参考】过A点作AF⊥CE于点F,设AB与CD的交点为M,过M点作MN⊥AC于点N.

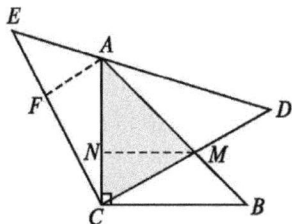

∵△ECD 为等腰直角三角形,∴∠E=45°.

∵AE=$\sqrt{2}$,AD=$\sqrt{6}$,

∴AF=EF=1,CE=CD=$\dfrac{DE}{\sqrt{2}}$=1+$\sqrt{3}$,

∴CF=$\sqrt{3}$,

∴AC=$\sqrt{AF^2 + CF^2}$=2,∠ACF=30°,

∴∠ACD=60°.设MN=x,

∵△ABC 为等腰直角三角形,

∴∠CAB=45°,

∴AN=MN=x,CN=$\dfrac{MN}{\sqrt{3}}$=$\dfrac{\sqrt{3}}{3}$x,

∴AC=AN+CN=x+$\dfrac{\sqrt{3}}{3}$x=2,

解得x=3-$\sqrt{3}$,

∴$S_{\triangle ACM}$=$\dfrac{1}{2}$×AC×MN=3-$\sqrt{3}$.

故选D.

【反思明理】通过本题的求解,我们知道,对于几何图形的面积求解问题,转化是关键.本题通过巧妙地作高,将面积问题转化为求底、高的问题,再结合勾股定理和方程思想,进行转化求解,得到问题的答案,这也是我们平时在求解线段长度问题中常用的方法.

易错点十 未能准确应用"直角三角形斜边上的中线等于斜边的一半"而出错

案例 19 如图,DE 为 $\triangle ABC$ 的中位线,点 F 在 DE 上,且 $\angle AFB=90^\circ$,若 $AB=6$,$BC=8$,则 EF 的长为_____.

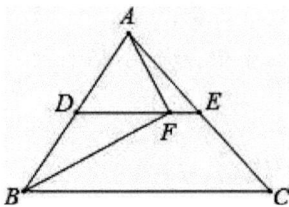

【考点涉及】三角形中位线定理,直角三角形的性质.

【错解呈现】由中位线定理可知:$DE=\dfrac{1}{2}BC=5$.

$\because \angle AFB=90^\circ$,$\therefore DF=\dfrac{2}{3}DE=\dfrac{2}{3}\times 5=\dfrac{10}{3}$,

$\therefore EF=DE-DF=\dfrac{5}{3}$.

【错点查找】(仔细阅读上面的"错解呈现",并将其中错误之处勾画出来)

错解中没有准确地应用"直角三角形斜边上的中线等于斜边的一半"的性质,想当然地确定了 DF 的值,从而导致 EF 求解错误.

【出错归因】四基性失误:直角三角形性质未准确应用.

策略性失误:未突破问题本质,知识点衔接不紧密.

【正解参考】由中位线定理可知:$DE=\dfrac{1}{2}BC=5$.

$\because \angle AFB=90^\circ$,$D$ 为 AB 中点,$\therefore DF=\dfrac{1}{2}AB=3$,

$\therefore EF=DE-DF=5-3=2$.

【反思明理】直角三角形斜边上的中线等于斜边的一半,常被用于证明线段相等,或构造等腰三角形,解题时应抓住直角、中线等条件,准确地运用定理,构造相等关系,进行求解.

案例 20 已知点 P 是直角三角形 ABC 斜边 AB 上一动点(不与 A,B 重合),分别过A,B向直线CP作垂线,垂足分别为点E,F,Q为斜边AB的中点.

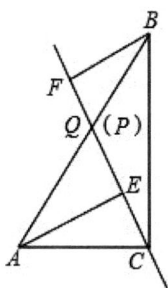 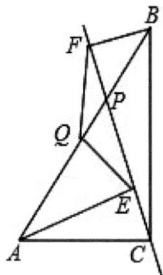 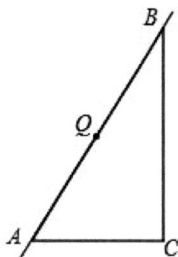

图1   图2   图3

（1）如图1,当点P与点Q重合时,AE与BF的位置关系是_____,QE与QF的数量关系式是_____;

（2）如图2,当点P在线段AB上不与点Q重合时,试判断QE与QF的数量关系,并给予证明;

（3）如图3,当点P在线段BA（或AB）的延长线上时,(2)中的结论是否成立？请画出图形并给予证明.

【考点涉及】全等三角形的判定与性质,直角三角形斜边上的中线.

【错解呈现】不能深度解读题意,未能准确完成各小题求解.

【错点查找】(仔细阅读上面的"错解呈现",并将其中错误之处勾画出来)

（1）证△BFQ≌△AEQ即可;

（2）延长FQ,交AE于D点,证△FBQ≌△DAQ,推出$QF=QD$,根据直角三角形斜边上中线性质求出即可;

（3）证△AEQ≌△BDQ,推出$DQ=QE$,根据直角三角形斜边上中线性质求出即可.

【出错归因】策略性失误:分析较为复杂问题的能力薄弱,不能抓住问题的本质.

心理性失误:面对复杂问题的心理素质较差.

【正解参考】(1)AE∥BF，$QE=QF$.

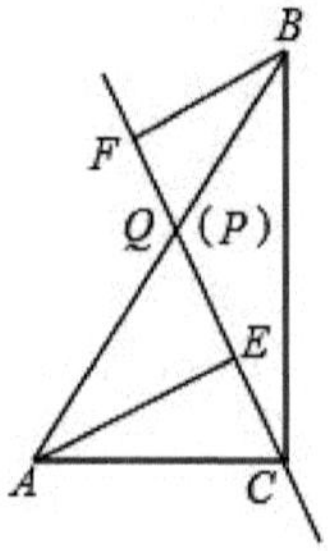

理由：如图4，∵Q为AB的中点，

∴$AQ=BQ$，

∵$BF⊥CP$，$AE⊥CP$，

∴BF∥AE，$\angle BFQ=\angle AEQ$，

在△BFQ和△AEQ中，

有$\angle BFQ=\angle AEQ$，$\angle BQF=\angle AQE$，$BQ=AQ$，

∴△BFQ≌△AEQ（AAS），

∴$AE=BF$，$QE=QF$.

(2)$QE=QF$.

如图5，延长FQ交AE于点D.

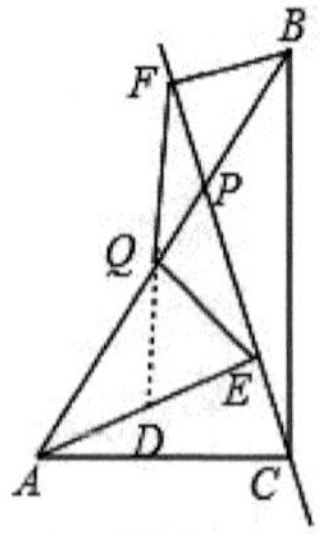

∵AE∥BF，

∴$\angle QAD=\angle FBQ$，

在△FBQ和△DAQ中，

有$\angle FBQ=\angle DAQ$，$BQ=AQ$，$\angle BQF=\angle AQD$，

∴△FBQ≌△DAQ（ASA），

∴$QF=QD$，

∵$AE⊥CP$，

∴EQ是直角三角形DEF斜边上的中线，

∴$QE=QF=QD$，

即$QE=QF$.

(3)(2)中的结论仍然成立.

如图6，延长EQ，FB交于点D.

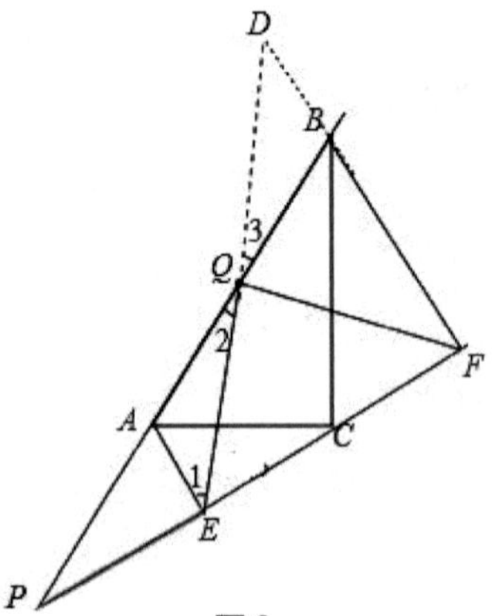

∵AE∥BF，

∴$\angle 1=\angle D$，

在△AQE和△BQD中，

有$\angle 1=\angle D$，$\angle 2=\angle 3$，$AQ=BQ$，

∴△AQE≌△BQD（AAS），

图4

图5

图6

$\therefore QE=QD$,

$\because BF\perp CP$,

$\therefore FQ$ 是斜边 DE 上的中线,

$\therefore QE=QF.$

【反思明理】 本题考查了全等三角形的性质和判定,直角三角形斜边上中线性质的应用,三个小题由易到难,由特殊到一般,层层递进地进行考查,每小题既不相同又互有联系,始终抓住判断全等和构造直角三角形斜边上的中线来进行转化和求解.

第3课　全等三角形与相似三角形

★ 知识点——应知应懂 ★

1. 全等三角形的有关概念和性质

(1)了解"全等"和"全等三角形"的基本概念,掌握全等的图形必须满足的条件.

(2)理解全等三角形的性质,能结合图形寻找全等三角形

(3)会利用全等三角形的性质进行计算和证明.

(4)掌握三角形全等的判定方法,形成良好的逻辑推理能力.

2. 角平分线

(1)掌握角平分线的定义和角平分线的尺规作图方法.

(2)理解角平分线的性质定理和判定定理,并能结合具体问题灵活使用.

3. 相似三角形

(1)掌握成比例线段和比例的基本性质.

(2)理解平行线分线段成比例定理.

(3)了解相似多边形的定义和相似多边形的性质.

(4)理解相似三角形的定义、相似比的概念,了解相似和全等的关系.

(5)掌握相似三角形的判定方法,会结合具体图形判断、证明三角形相似.

(6)掌握相似三角形的性质,能灵活地应用性质进行计算和证明.

(7)理解位似的定义,会利用位似的性质进行作图.

(8)掌握平面直角坐标系中位似变换与坐标变化规律.

★ 易错点——辨误明理 ★

(1)对应边或对应角判断不准确.

(2)证明三角形全等时条件不对应而出错.

(3)三角形全等的性质定理应用不灵活.

(4)有关全等的综合性问题求解不得法.

(5)对成比例线段及比例的性质理解不透彻.

(6)对相似多边形的定义及判断不准确.

(7)相似三角形判定定理混用.

(8)相似三角形的性质定理应用不灵活.

(9)对于相似的新定义问题理解不透彻.

(10)有关相似的动点问题处理不得法.

(11)有关相似的分类讨论不完整.

(12)对相似三角形存在性问题题意理解不清.

(13)对位似定义理解不透彻.

★ 析案例——避误纠错 ★

易错点一 对应边或对应角判断不准确

案例1 如图,点 D,E 分别在线段 AB,AC 上,CD 与 BE 相交于 O 点,已知 $AB=AC$,现添加以下的哪个条件仍不能判定 $\triangle ABE \cong \triangle ACD$ (　　)

A.$\angle B=\angle C$ 　　　　B.$AD=AE$ 　　　　C.$BD=CE$ 　　　　D.$BE=CD$

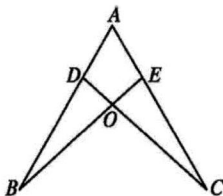

【考点涉及】三角形全等的判定.

【错解呈现】错解一：将题意理解为添加哪个条件可以判定△ABE≌△ACD，故选A，B，C中的一个.

错解二：认为给定的条件不能判定全等，故选B，C.

【错点查找】（仔细阅读上面的"错解呈现"，并将其中错误之处勾画出来）

本题需根据给定选项，尝试形成全等三角形全等的判定条件，特别注意形成边和角的对应关系，审题要仔细，思路要清晰.

【出错归因】四基性失误：识图能力薄弱，未看到本质的图形关系.

心理性失误：马虎大意，审题不仔细.

【正解参考】添加选项A，再由∠BAE=∠CAD，AB=AC，根据ASA可以得到△ABE≌△ACD.

添加选项B，再由∠BAE=∠CAD，AB=AC，根据SAS可以得到△ABE≌△ACD.

添加选项C，可得AD=AE，再由∠BAE=∠CAD，AB=AC，根据SAS可以得到△ABE≌△ACD.

添加选项D，无法得到△ABE≌△ACD，故选D.

【反思明理】具体问题中，要根据图形关系，结合判定三角形全等所缺少的条件进行选择，审题要仔细，图形关系转化要灵活.

案例2 如图，△ABC≌△DEF，点F在BC边上，AB与EF相交于点P. 若∠DEF=37°，PB=PF，则∠APF=_____.

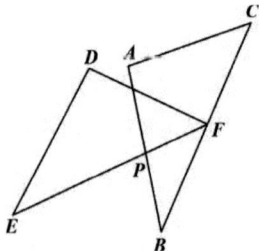

【考点涉及】全等三角形性质的应用.

【错解呈现】∵△ABC≌△DEF，∴∠ACB=∠DEF=37°，

∴∠APF=∠ACB=37°,

故应填:37°.

【错点查找】(仔细阅读上面的"错解呈现",并将其中错误之处勾画出来)

全等三角形中有对应边相等,对应角相等,具体解题中应找准对应边和对应角.

【出错归因】四基性失误:识图能力薄弱,混淆对应边和对应角.

心理性失误:马虎大意,审题不仔细.

【正解参考】∵△ABC≌△DEF,∴∠ABC=∠DEF=37°,

又∵PB=PF,

∴∠PFB=∠PBF=∠ABC=37°,

∴∠APF=∠PBF+∠PFB=74°,

故应填:74°.

【反思明理】三角形全等的性质应用问题中,一定要准确地把握对应边和对应角,不能混淆图形关系.

易错点二 证明三角形全等时条件不对应而出错

案例3 在下列各组几何图形中,一定全等的是(　　　　)

A.各有一个角是45°的两个等腰三角形

B.两个等边三角形

C.腰长相等的两个等腰直角三角形

D.各有一个角是40°且腰长都是5 cm的两个等腰三角形

【考点涉及】全等三角形的判定.

【错解呈现】根据直观判断,选择A,B,D.

【错点查找】(仔细阅读上面的"错解呈现",并将其中错误之处勾画出来)

本题需依次考查每个给定选项,在判断过程中应画出图形,考虑到可能相似,不能武断进行判断.

【出错归因】四基性失误:全等判定条件把握不准确.

心理性失误:马虎大意,审题不仔细.

【正解参考】选项A,不确定相等的两个角是否形成对应关系,因而不能判定全等.

选项B,可以得到相似三角形,但不一定全等.

选项C,可根据SAS判断两个三角形全等.

选项D,不确定相等的角能否形成对应角,不一定全等.

故选C.

【反思明理】用文字条件给出的全等关系,可通过画图去直观反映,还应考虑到三角形相似的可能,解题时切莫主观臆断,想当然地判断全等.

案例4　如图,在Rt△ABC中,∠BAC=90°,AC=2AB,点D是AC的中点,将一块锐角为45°的直角三角板ADE如图放置,使三角板斜边的两个端点分别与A,D重合,连接BE,EC.试猜想线段BE和EC的数量及位置关系,并证明你的猜想.

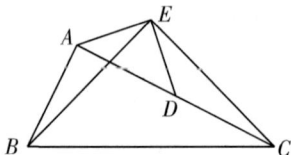

【考点涉及】全等三角形的判定、全等三角形的性质.

【错解呈现】BE=CE,BE⊥CE.

∵AC=2AB,点D是AC的中点,

∴AD=CD=AB,

∵AE=DE,

∴△ABE≌△DCE(SSS),

∴BE=CE,

∵∠AED=90°,

∴∠BEC=90°,

故BE=CE,BE⊥CE.

【错点查找】(仔细阅读上面的"错解呈现",并将其中错误之处勾画出来)

上述错解在证明三角形全等时,应用了$BE=CE$这个条件,但这个条件是要证明的结论,因而三角形全等的证明不成立,后续判断位置关系时,也没有将$\angle BEC=90°$的理由写清楚,过程混乱.

【出错归因】四基性失误:图形分析能力薄弱,三角形全等的证明混乱.

【正解参考】$BE=CE,BE\perp CE$,下证之.

∵$AC=2AB$,点D是AC的中点,

∴$AD=CD=AB$,

又∵$AE=DE,\angle BAE=\angle EDC=45°+90°=135°$,

∴$\triangle ABE\cong\triangle DCE$(SAS),

∴$BE=CE,\angle AEB=\angle DEC$,

∴$\angle BEC=\angle BED+\angle DEC=\angle BED+\angle AEB=90°$,

∴$\angle BEC=90°$,

故$BE=CE,BE\perp CE$.

【反思明理】证明三角形全等不能想当然,更不能把要证明的结论当条件使用.证明直角的问题时常会用到公共角转化,也常用"同角的余角相等"这一结论证明.

易错点三 三角形全等的性质定理应用不灵活

案例5 如图,$\triangle ABC$中,D是BC边上一点,E是AD的中点,过点A作BC的平行线交BE的延长线于点F,且$AF=CD$,连接CF.

(1)求证:$\triangle AEF\cong\triangle DEB$;

(2)若$AB=AC$,试判断四边形$ADCF$的形状,并证明你的结论.

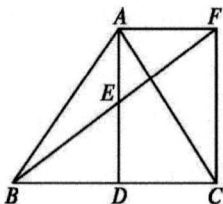

【考点涉及】三角形全等的判定.

【错解呈现】(1)由 AAS 或 ASA 判定三角形全等;

(2)判断四边形 $ADCF$ 为平行四边形;

【错点查找】(仔细阅读上面的"错解呈现",并将其中错误之处勾画出来)

以上解法中第(2)小题的判断有误,没有抓住本小题中新增的条件,思维比较僵化和局限.

【出错归因】心理性失误:审题不仔细,思维不严谨.

【正解参考】(1)∵ E 是 AD 的中点,∴ $AE=DE$,

∵ $AF /\!/ BC$,∴ $\angle AFE = \angle DBE$, $\angle EAF = \angle EDB$.

∴ $\triangle AEF \cong \triangle DEB$(AAS).

(2)四边形 $ADCF$ 是矩形.

证明:如图,连接 DF.

∵ $AF /\!/ CD$, $AF = CD$,

∴ 四边形 $ADCF$ 是平行四边形.

∵ $\triangle AEF \cong \triangle DEB$,

∴ $FE = BE$.

∵ $AE = DE$,

∴ 四边形 $ABDF$ 是平行四边形,∴ $DF = AB$,

∵ $AB = AC$,∴ $DF = AC$,

∴ 四边形 $ADCF$ 是矩形.

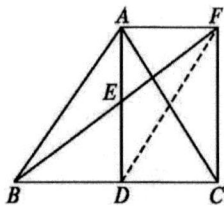

【反思明理】第(1)小题直接利用已知条件证明三角形全等,第(2)小题利用全等三角形得到线段相等和角相等,再结合新增的条件,判断四边形的

形状.解题时思考要严密,推理要严谨.

案例6　如图,在矩形$ABCD$中($AD>AB$),点E是BC上一点,且$DE=DA$,$AF\perp DE$,垂足为点F.下列结论中,不一定正确的是(　　)

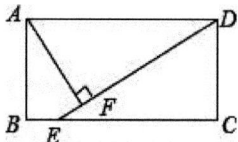

A.$\triangle AFD\cong\triangle DCE$ 　　　　　B.$AF=\dfrac{1}{2}AD$

C.$AB=AF$ 　　　　　　　　　D.$BE=AD-DF$

【考点涉及】全等三角形判定和性质的应用,矩形的性质.

【错解呈现】根据已知条件,可以判断选项A是正确的,根据图形猜想选项B是正确的,无法判断选项C,D的正确性,所以选择C或者D.

【错点查找】(仔细阅读上面的"错解呈现",并将其中错误之处勾画出来)

本题不仅考查三角形全等的判定,还有全等性质的应用,解答时应对所给结论逐一进行判断,而且推理要有根据,不可主观臆断.

【出错归因】四基性失误:识图能力薄弱,混淆对应边和对应角.

【正解参考】∵在矩形$ABCD$中,对边互相平行,

∴∠ADE=∠CED,又$AF\perp DE$,则有∠AFD=∠DCE=90°,

又∵$DE=DA$,

∴$\triangle AFD\cong\triangle DCE$,故选项A中的结论是正确的.

由$\triangle AFD\cong\triangle DCE$知:$AF=DC=AB$,则选项C正确.

连接AE,根据HL可证明$Rt\triangle ABE\cong Rt\triangle AFE$,

∴$BE=FE=DE-DF=AD-DF$,故选项D正确.

所以不一定正确的应选:B.

【反思明理】本题由矩形的性质入手,结合三角形全等的证明,可以得到线段相等和角相等的关系.适当地添加辅助线,进行问题的转化是解题的关键.此外,在证明两条线段的和等于第三条线段的问题中,也时常用到构造

全等三角形的方法,学习中要注意经验方法的积累和总结.

易错点四 有关全等的综合性问题求解不得法

案例7 在△ABM中,∠ABM=45°,AM⊥BM,垂足为点M,点C是BM延长线上一点,连接AC.

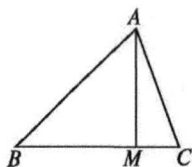
图1

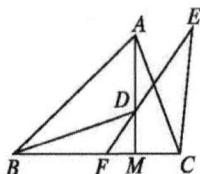
图2

(1)如图1,若$AB=3\sqrt{2}$,$BC=5$,求AC的长;

(2)如图2,点D是线段AM上一点,MD=MC,点E是△ABC外一点,EC=AC,连接ED并延长交BC于点F,且点F是线段BC的中点.求证:∠BDF=∠CEF.

【考点涉及】等腰直角三角形的性质,三角形全等的判定,全等三角形的构造.

【错解呈现】(1)∵AM⊥BM,∴∠AMB=∠AMC=90°.

∵∠ABM=45°,∴∠ABM=∠BAM=45°,

∴AM=BM.

∵$AB=3\sqrt{2}$,∴AM=BM=3.

∵BC=5,∴MC=2.

∴$AC=\sqrt{2^2+3^2}=\sqrt{13}$.

(2)没有解题思路.

【错点查找】(仔细阅读上面的"错解呈现",并将其中错误之处勾画出来)

本题第(1)小题的解答没有问题.本题第(2)小题重在根据"点F是线段BC的中点"这一条件,适当地连接辅助线,构造三角形全等,从而解决问题.

【出错归因】策略性失误：未能有效地构造辅助线解题，经验积累不够.

【正解参考】(1)同"错解呈现"中的(1).

(2)延长EF到点G，使得FG=EF，连接BG，如图所示.

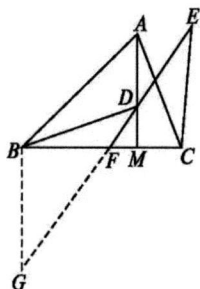

∵DM=MC，∠BMD=∠AMC=90°，BM=AM，

∴△BMD≌△AMC，

∴AC=BD.

又CE=AC，∴BD=CE，

∵点F是线段BC的中点，

∴BF=FC.

∵BF=FC，∠BFG=∠EFC，FG=FE，

∴△BFG≌△CFE，

∴BG=CE，∠G=∠E.

∴BD=CE=BG，

∴∠BDG=∠G，

∴∠BDF=∠E.

【反思明理】适当地添加辅助线构造全等三角形，是证明线段相等或角相等，以及转化图形的好方法. 遇到有中点的问题，可以借助中点平分线段的性质，使用"倍长中线法"构造全等三角形.

案例8 如图，将正n边形绕点A顺时针旋转60°后，发现旋转前后两图形有另一交点O，连接AO，我们称AO为"叠弦"；再将"叠弦"AO所在的直线绕点A逆时针旋转60°后，交旋转前的图形于点P，连接PO，我们称∠OAB为

"叠弦角"，△AOP为"叠弦三角形".

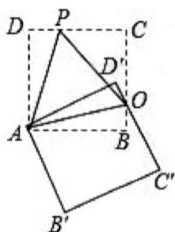

图1(n=4)

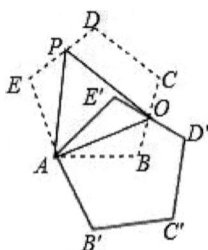

图2(n=5)

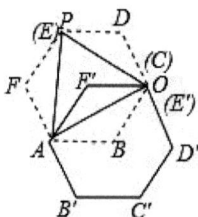

图3(n=6)

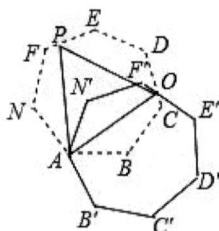

图4(n=7)

【探究证明】

(1)请在图1和图2中选择一个证明："叠弦三角形"△AOP是等边三角形;

(2)如图2,求证:∠OAB=∠OAE';

(3)图1、图2中"叠弦角"的度数分别为_____;

(4)图n中,"叠弦三角形"_____等边三角形(填"是"或"不是");

(5)图n中,"叠弦角"的度数为_____(用含n的式子表示).

【考点涉及】全等三角形的判定,全等三角形的性质,新定义问题的转化,多边形内角和公式.

【错解呈现】未能读懂新定义的含义,不会求解.

【错点查找】(仔细阅读上面的"错解呈现",并将其中错误之处勾画出来)

新定义问题中,及时准确地将新定义转化为已学过的内容,建立新旧知识之间的联系是非常关键的.本题以新定义为切入点,构建三角形之间的全等关系,再利用全等三角形的性质进行边、角的转化.

【出错归因】策略性失误:图形分析能力薄弱,复杂问题转化能力不过关.

【正解参考】(1)如图1,∵四边形$ABCD$是正方形,

由旋转知:$AD=AD'$,$\angle D=\angle D'=90°$,$\angle DAD'=\angle OAP=60°$,

∴$\angle DAP=\angle OAD'$,∴$\triangle APD\cong\triangle AOD'$(ASA),

∴$AP=AO$,又$\angle OAP=60°$,

∴$\triangle AOP$是等边三角形.

(2)在图2上作$AM\perp DE$于点M,

作$AN\perp CB$于点N,如图5所示.

∵五边形$ABCDE$是正五边形,

由旋转知:$AE=AE'$,$\angle E=\angle E'=108°$,

$\angle EAE'=\angle OAP=60°$,

∴$\angle PAE=\angle OAE'$,

∴$\triangle APE\cong\triangle AOE'$(ASA),

∴$\angle OAE'=\angle PAE$.

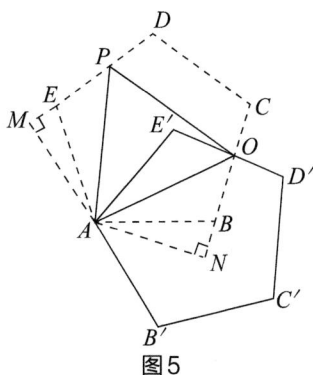
图5

在$Rt\triangle AEM$和$Rt\triangle ABN$中,$\begin{cases}\angle M=\angle N=90°,\\ \angle AEM=\angle ABN=72°,\\ AE=AB,\end{cases}$

∴$Rt\triangle AEM\cong Rt\triangle ABN$(AAS),

∴$\angle EAM=\angle BAN$,$AM=AN$.

∴$Rt\triangle APM\cong Rt\triangle AON$(HL).

∴$\angle PAM=\angle OAN$,$\angle PAE=\angle OAB$,

∴$\angle OAE'=\angle OAB$.

(3)$15°,24°$

(4)是

(5)$\angle OAB=\left[(n-2)\times180°\div n-60°\right]\div2=60°-\dfrac{180°}{n}$.

【反思明理】本题由"叠弦角""叠弦三角形"的新定义入手,旨在考查学生分析问题,将新定义转化为已知问题求解的能力.(1)的求解中,抓住旋转的性质、旋转角的大小,即可证得等边三角形,让学生任选一图证明,是对学生学习个性化的要求;(2)中通过适当地作高,将角相等的证明转化为全等三角形的证明,对学生能力要求较高;(3)到(5)由特殊到一般,层层递进地探究了"叠弦角"的大小,是对学生几何直观和几何抽象能力的综合性考查.求解本题,体现了转化思想和建模思想在综合性问题求解中的重要性.

易错点五　对成比例线段及比例的性质理解不透彻

案例9　已知 $\dfrac{a}{b}=\dfrac{c}{d}$,则下列式子中正确的是(　　　)

A.$a:b=c^2:d^2$ 　　　　　　　B.$a:d=c:b$

C.$a:b=(a+c):(b+d)$ 　　　　D.$a:b=(a-d):(b-d)$

【考点涉及】比例的基本性质.

【错解呈现】由分式的基本性质知:选项A正确.

由比例的基本性质,及交换内项外项的位置,知:选项B正确.

由比例的基本性质知:选项D正确.

【错点查找】(仔细阅读上面的"错解呈现",并将其中错误之处勾画出来)

以上错解中,对比例的性质混淆,对分式的基本性质理解有误,从而导致错误的产生,正确地理解和记忆比例的性质是关键.

【出错归因】四基性失误:比例的基本性质理解混淆,记忆混乱.

【正解参考】设 $\dfrac{a}{b}=\dfrac{c}{d}=k$,∴$a=kb,c=kd$,

$$\therefore \dfrac{a+c}{b+d}=\dfrac{kb+kd}{b+d}=k=\dfrac{a}{b},$$

∴选项C正确,其他选项均不正确.

故应选C.

【反思明理】比例的基本性质有：①∵$\frac{a}{b}=\frac{c}{d}$，∴$ad=bc$；②∵$\frac{a}{b}=\frac{c}{d}$，∴

$\frac{a\pm b}{b}=\frac{c\pm d}{d}$；③∵$\frac{a_1}{b_1}=\frac{a_2}{b_2}=\frac{a_3}{b_3}=\cdots=\frac{a_n}{b_n}$（$n$为正整数），∴

$\frac{a_1+a_2+a_3+\cdots+a_n}{b_1+b_2+b_3+\cdots+b_n}=\frac{a_1}{b_1}$。关于比例的具体问题求解中，要抓住比例的这

几条基本性质进行变形，做到有理有据.

案例10 下列各组线段的长度成比例的是( )

A.2 cm,3 cm,4 cm,5 cm

B.2.5 cm,3.5 cm,4.5 cm,6.5 cm

C.1.1 cm,2.2 cm,4.4 cm,8.8 cm

D.1 cm,3 cm,4 cm,6 cm

【考点涉及】成比例线段的定义.

【错解呈现】不理解成比例线段的定义,选择A,B,D.

【错点查找】(仔细阅读上面的"错解呈现",并将其中错误之处勾画
出来)

本题求解中,准确地理解成比例线段的定义是关键.

【出错归因】四基性失误:成比例线段的定义不理解.

【正解参考】选项C中,对四条线段依次求比值可得$\frac{1.1}{2.2}=\frac{1}{2}=\frac{4.4}{8.8}$,

∴选项C正确,其他选项均不正确.故应选C.

【反思明理】成比例线段的定义是:在同一单位下,四条线段长度为$a,b,$
c,d,其关系为$a:b=c:d$,那么这四条线段叫做成比例线段,简称比例线段.判
断四条线段是否成比例,首先要对线段的大小进行排序,再依次计算比值,
若每两条线段比值相等,即为成比例线段.

易错点六 对相似多边形的定义及判断不准确

案例11 如图,已知矩形$ABCD$中,$AB=2$,在BC上取一点E,沿AE将
$\triangle ABE$向上折叠,使B点落在AD上的F点处.若四边形$EFDC$与矩形$ABCD$

相似,则 $AD=$(   )

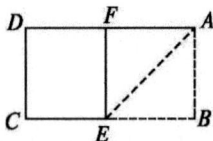

A. $\sqrt{5}$ B. $\sqrt{5}+1$ C. 4   D. $2\sqrt{3}$

【考点涉及】相似多边形的定义及性质,轴对称的性质.

【错解呈现】根据图形直观猜想 $AD=2AF=2AB=4$,

故选择C.

【错点查找】(仔细阅读上面的"错解呈现",并将其中错误之处勾画出来)

折叠即为轴对称,由折叠过程知: $AF=AB=2$,但没有任何条件可以说明点 F 为线段 AD 的中点,因而上述解法是想当然的结果,没有充分利用题干中两个四边形相似的条件,从而导致错误的产生.

【出错归因】四基性失误:不理解相似多边形的定义.

心理性失误:马虎大意,胡乱猜测.

【正解参考】根据图形关系,由相似多边形对应边成比例可知: $\dfrac{EF}{AD}=\dfrac{DF}{AB}$,

根据题意设 $AD=x$,则由折叠过程可知 $DF=x-2$,$EF=2$,

$\therefore \dfrac{2}{x-2}=\dfrac{x}{2}$,即 $x^2-2x=4$,

解得 $x_1=1+\sqrt{5}$,$x_2=1-\sqrt{5}$(舍去),故选B.

【反思明理】相似多边形的对应角相等,对应边成比例,解题中应根据图形条件,找准对应边和对应角,切忌主观臆断.本题还涉及轴对称和一元二次方程的求解等,因此解答本题时计算和分析问题能力要过关.

易错点七 相似三角形判定定理混用

案例12 如图,已知 $\triangle ABC$ 与 $\triangle ADE$ 中,$\angle C=\angle AED=90°$,点 E 在 AB 上,那么添加下列一个条件后,仍无法判定 $\triangle ABC \backsim \triangle DAE$ 的是(   )

A.∠B=∠D

B.$\dfrac{AC}{DE} = \dfrac{AB}{AD}$

C.AD∥BC

D.∠BAC=∠D

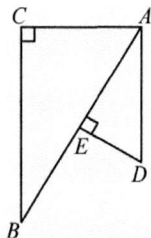

【考点涉及】相似三角形的判定定理.

【错解呈现】错解一:将题意理解为添加哪个条件可以判断两三角形相似,故错选B,C,D中的一个.

错解二:将四个选项依次代入图形中,发现每个选项都可以得到两个三角形相似,故不知道正确答案应选什么.

【错点查找】(仔细阅读上面的"错解呈现",并将其中错误之处勾画出来)

本题不仅要添加条件证明三角形相似,而且给定△ABC∽△DAE,说明对应边和对应顶点也是唯一确定的,故要仔细审题,不能盲目选择.

【出错归因】心理性失误:马虎大意,审题不仔细.

【正解参考】根据图形关系,因为要得到△ABC∽△DAE,所以添加的条件要能使两个三角形中边角互相对应,而选项A中∠B=∠D并非对应角关系,无法得到三角形全等,故选A.

【反思明理】添加条件构成相似三角形,是相似三角形判定定理的常见考查形式,但具体问题中,应仔细审题,看清对应角、对应边,切实体现对应关系.

案例13 如图,在△ABC中,AB=AC,点E在边BC上移动(点E不与点B,C重合),满足∠DEF=∠B,且点D,F分别在边AB,AC上.

(1)求证:△BDE∽△CEF;

(2)当点E移动到BC的中点时,求证:FE平分∠DFC.

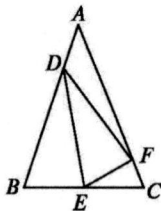

【考点涉及】相似三角形的判定,相似三角形的性质定理.

【错解呈现】(1)∵AB=AC,∴∠B=∠C.

∵∠DEF+∠CEF=∠B+∠BDE,∠DEF=∠B,

∴∠CEF=∠BDE.

∴△BDE∽△CEF.

(2)没有思路和准确的证明方法.

【错点查找】(仔细阅读上面的"错解呈现",并将其中错误之处勾画出来)

第(2)小题处理时应特别关注新增条件"点E移动到BC的中点时",可结合(1)中证明的相似三角形进行转化.

【出错归因】策略性失误:分析问题、转化问题能力薄弱.

【正解参考】(1)证明同"错解呈现"中(1).

(2)∵△BDE∽△CEF,

∴$\dfrac{BE}{CF}=\dfrac{DE}{EF}$,

又∵E为BC的中点,∴BE=CE,

∴$\dfrac{CE}{CF}=\dfrac{DE}{FE}$,即$\dfrac{CE}{DE}=\dfrac{CF}{EF}$,

又∠C=∠DEF,所以△ECF∽△DEF,

∴∠CFE=∠EFD,即FE平分∠DFC.

【反思明理】本题是"一线三等角"模型的典型应用,问题(2)是在问题(1)的证明基础上,对于特殊点位置的结论的进一步推广和探究,关键在于及时构建△DEF与△ECF之间的相似关系,从而得到角相等,即平分角的结论.解题时要注意大胆猜想,小心求证.

易错点八 相似三角形的性质定理应用不灵活

案例14 如图,△ABC内有一点P,过P作各边的平行线,把△ABC分成三个三角形和三个平行四边形.若三个三角形的面积S_1,S_2,S_3分别为1,1,2,则△ABC的面积是_____.

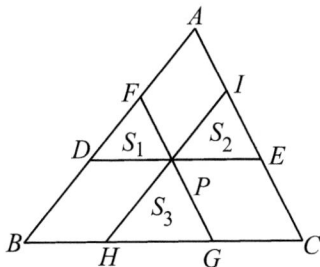

【考点涉及】相似三角形的判定,相似三角形的性质.

【错解呈现】由题意知:三个小三角形与△ABC相似,

且$DP=BH,PE=CG$,

∵$S_1:S_2:S_3=1:1:2$,

∴$BH:HG:GC=1:1:2$,

∴$PD:BC=1:4$,

∴$S_{\triangle ABC}=16S_1=16$,

故应填:16.

【错点查找】(仔细阅读上面的"错解呈现",并将其中错误之处勾画出来)

以上错解中,错误地将相似三角形的面积比看作底边比进行计算,图形中并没有三个小三角形高相等的条件,这是胡乱猜测、主观臆断的结果.

【出错归因】四基性失误:乱用相似三角形面积比的性质.

心理性失误:马虎大意,审题不仔细.

【正解参考】由题意知:$DE/\!/BC,FG/\!/AC,HI/\!/AB$,

则△FDP∽△ABC∽△IPE∽△PHG,

设△ABC的面积为S,

则有 $\dfrac{\sqrt{S_1}}{\sqrt{S}} + \dfrac{\sqrt{S_2}}{\sqrt{S}} + \dfrac{\sqrt{S_3}}{\sqrt{S}} = \dfrac{PD}{BC} + \dfrac{PE}{BC} + \dfrac{HG}{BC} = \dfrac{BH + HG + GC}{BC} = 1$,

故 $S = (\sqrt{S_1} + \sqrt{S_2} + \sqrt{S_3})^2 = (1 + 1 + \sqrt{2})^2 = 6 + 4\sqrt{2}$,

【反思明理】相似三角形的性质有：相似三角形对应边成比例、对应角相等；相似三角形对应边上的高、中线、对应角的平分线之比等于相似比；相似三角形周长比等于相似比，面积比等于相似比的平方.本题在平行线的条件下，构造相似三角形，再利用面积关系，结合平行四边形性质，巧妙地构建面积关系，是相似三角形性质的综合性考查问题.

案例 15 Rt$\triangle ABC$ 的直角边 $AB=1.5$ cm,斜边 $AC=2.5$ cm,现需要在其中裁出一个面积最大的正方形,有两个不同的设计方案如图 1、图 2 所示.下面哪种设计方案较好? 试说明理由.

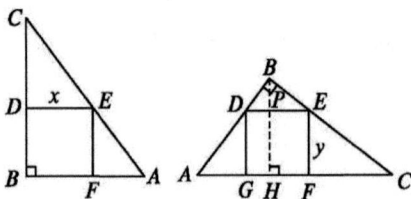

图1   图2

【考点涉及】相似三角形的判定,相似三角形的性质.

【错解呈现】方案一较好,理由如下:

由勾股定理可知:$BC=2$ cm,

在方案一中,设正方形 $DEFB$ 的边长 $DE=x$ cm,则由 $DE\parallel BA$ 可知:

$\triangle CDE\backsim\triangle CBA$,

$\therefore \dfrac{CD}{CB} = \dfrac{DE}{BA}$,即 $\dfrac{2-x}{2} = \dfrac{x}{1.5}$,

解得 $x = \dfrac{6}{7}$.

【错点查找】(仔细阅读上面的"错解呈现",并将其中错误之处勾画出来)

在方案二中,因没有分析清楚图形关系而没有准确的求解方法.

【出错归因】四基性失误:相似三角形较多,理不清图形关系,找不到求解方法.

心理性失误:马虎大意,审题不仔细.

【正解参考】方案一较好,理由如下:

由 $AB=1.5$ cm, $AC=2.5$ cm,根据勾股定理可得 $BC=2$ cm.

方案一中,设小正方形的边长为 x cm.

由 $DE/\!/AB$,得 $\text{Rt}\triangle CDE \backsim \text{Rt}\triangle CBA$.

$\therefore \dfrac{CD}{CB}=\dfrac{DE}{BA}$,即 $\dfrac{2-x}{2}=\dfrac{x}{1.5}$,

解得 $x=\dfrac{6}{7}$,

方案二中,设小正方形的边长为 y cm.

由 $AC \cdot BH=AB \cdot BC$,得 $BH=1.2$ cm.

$\because DE/\!/AC$, $\therefore \text{Rt}\triangle BDE \backsim \text{Rt}\triangle BAC$.

$\therefore \dfrac{BP}{BH}=\dfrac{DE}{AC}$,即 $\dfrac{1.2-y}{1.2}=\dfrac{y}{2.5}$,

解得 $y=\dfrac{30}{37}$,

$\because y=\dfrac{30}{37}<\dfrac{30}{35}=\dfrac{6}{7}=x$,

$\therefore$ 方案一较好.

【反思明理】方案一中利用平行线,比较方便地构造相似三角形关系,结合方程思想求解小正方形的边长.而方案二中相似的三角形比较多,如何有效地利用图形关系,是解决问题的关键.在方案二的求解中,充分地利用了相似三角形对应边上的高的比等于相似比,很巧妙地转化了小正方形边长的求解问题.

易错点九 对于相似的新定义问题理解不透彻

案例16 若两个扇形满足弧长的比等于它们半径的比,则称这两个扇形相似.如图,如果扇形 AOB 与扇形 $A_1O_1B_1$ 是相似扇形,且半径 $OA:O_1A_1=k(k$

为不等于 0 的常数），那么下面四个结论：①∠AOB=∠$A_1O_1B_1$；②△AOB∽△$A_1O_1B_1$；③$\dfrac{AB}{A_1B_1}=k$；④扇形 AOB 与扇形 $A_1O_1B_1$ 的面积之比为 k^2. 成立的个数为（　　）

A.1　　　　B.2　　　　C.3　　　　D.4

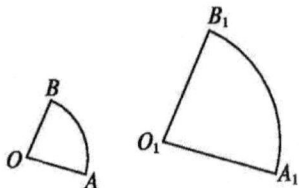

【考点涉及】新定义问题的转化，相似三角形的判定，弧长计算公式，扇形面积计算公式.

【错解呈现】∵扇形 AOB 与扇形 $A_1O_1B_1$ 是相似扇形，

∴弧 AB 的长度：弧 A_1B_1 的长度=$OA:OA_1=k$，

∴③正确，

根据图形，直观判断①②④也正确，故选 D.

【错点查找】（仔细阅读上面的"错解呈现"，并将其中错误之处勾画出来）

以上错解中，仅凭直观感知，没有进行具体计算验证，而且将弧与弦混为一谈，概念理解模糊.

【出错归因】四基性失误：弧长、扇形面积计算公式不熟悉，分析问题无根据.

【正解参考】由题意设∠AOB=α，∠$A_1O_1B_1$=β，

则由弧长计算公式知：弧 AB 的长度=$\dfrac{\alpha\pi \cdot OA}{180}$，

同理，弧 A_1B_1 的长度=$\dfrac{\beta\pi \cdot O_1A_1}{180}$，

∵扇形 AOB 与扇形 $A_1O_1B_1$ 是相似扇形，

∴$\dfrac{\alpha\pi \cdot OA}{180}:\dfrac{\beta\pi \cdot O_1A_1}{180}=OA:O_1A_1$，∴α=β，故①正确.

由两边及其夹角可得②③正确.

$$\therefore S_{扇形AOB}:S_{扇形A_1O_1B_1}=\frac{\alpha\pi\cdot OA^2}{360}:\frac{\beta\pi\cdot O_1A_1^2}{360}=OA^2:O_1A_1^2=k^2,$$

故④正确.故选D.

【反思明理】课本中介绍了相似多边形的概念,本题将两个扇形如何相似作为新定义提出,一方面考查学生分析问题和转化问题的能力,另一方面考查学生对弧长、扇形面积公式的掌握情况.解题中不仅要有几何直观,更要有充分的论据说明结论的正确性.

易错点十　有关相似的动点问题处理不得法

案例17　二次函数$y=ax^2+bx+c(a\neq0)$的图象与x轴交于$A(-3,0),B(1,0)$两点,与y轴交于点$C(0,-3m)(m>0)$,顶点为D.

(1)求该二次函数的解析式(系数用含m的代数式表示);

(2)如图1,当$m=2$时,点P为第三象限内抛物线上的一个动点,设$\triangle APC$的面积为S,试求出S与点P的横坐标x之间的函数关系式及S的最大值;

(3)如图2,当m取何值时,以A,D,C三点为顶点的三角形与$\triangle OBC$相似?

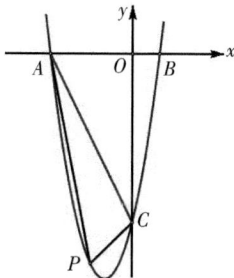　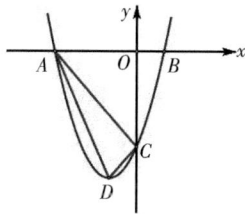

图1　　　　　　　　　图2

【考点涉及】待定系数法求二次函数的解析式,动点问题,二次函数关系的表示,三角形相似的判定.

【错解呈现】(1)由题意,将$A(-3,0),B(1,0),C(0,-3m)$代入二次函数解析式,得

$$\begin{cases} 9a - 3b + c = 0, \\ a + b + c = 0, \\ c = -3m, \end{cases} \quad 解得 \begin{cases} a = m, \\ b = 2m, \\ c = -3m, \end{cases}$$

∴所求二次函数的解析式为 $y = mx^2 + 2mx - 3m$.

(2)如图3,连接 OP.

当 $m = 2$ 时,有 $y = 2x^2 + 4x - 6$.

设 $P(x, 2x^2 + 4x - 6)$,

则有 $S_{\triangle AOP} = \dfrac{1}{2} OA \times (-y_P) = -\dfrac{3}{2}(2x^2 + 4x - 6) =$

$-3x^2 - 6x + 9$,

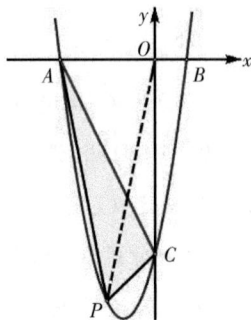
图3

$S_{\triangle COP} = \dfrac{1}{2} OC \times (-x_P) = -3x$, $S_{\triangle AOC} = 9$,

∴ $S = S_{\triangle APC} = S_{\triangle AOP} + S_{\triangle COP} - S_{\triangle AOC} = -3x^2 - 9x = -3\left(x + \dfrac{3}{2}\right)^2 + \dfrac{27}{4}$.

∴当 $x = -\dfrac{3}{2}$ 时,S 取得最大值,最大值为 $\dfrac{27}{4}$.

(3)如图4,由图象可知 $\angle ACD = 90°$,过点 D 作 y 轴垂线段,交 y 轴于点 E,过点 A 作 $AF \perp DE$ 交于点 F.

则有 $\dfrac{OA}{EC} = \dfrac{OC}{ED}$,即 $\dfrac{3}{m} = \dfrac{3m}{1}$,

∴ $m = 1$.

∴ $\dfrac{CA}{CD} = \dfrac{OC}{ED} = 3$, $\dfrac{OC}{OB} = 3$.

∴ $\dfrac{CA}{CD} = \dfrac{OC}{OB}$.

∴ $\triangle CDA \backsim \triangle OBC$.

∴ $m = 1$.

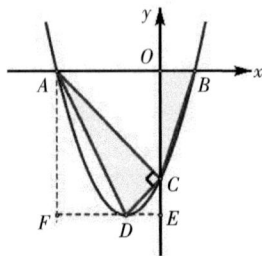
图4

【错点查找】(仔细阅读上面的"错解呈现",并将其中错误之处勾画出来)

本题是一道有关二次函数、相似三角形、动点问题的综合性问题.m 取值的不确定性,造成了图形位置和数量关系的不确定性,(1)可以减少计算量,

(2)中可用割补法处理三角形面积的求解;(3)中首先要对△ACD是否为直角三角形进行判断,而后对两三角形△CDA与△OBC的相似情况进行分类讨论.

【出错归因】策略性失误:二次函数解析式不会求解,转化问题能力差,相似分类不完整.

【正解参考】(1)由题意,设$y=a(x+3)(x-1)$.

将点$C(0,-3m)$代入上述解析式,得$-3m=-3a$,$\therefore a=m$.

$\therefore$所求二次函数的解析式为$y=m(x+3)(x-1)=mx^2+2mx-3m$.

(2)如图5所示,连接OP.

当$m=2$时,有$C(0,-6)$,$y=2x^2+4x-6$.

由题意,设点$P(x,2x^2+4x-6)$.

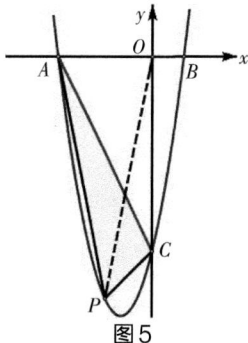

图5

$\therefore S_{\triangle AOP}=\dfrac{1}{2}OA\times(-y_P)=-\dfrac{3}{2}(2x^2+4x-6)$

$=-3x^2-6x+9$,

$\therefore S_{\triangle COP}=\dfrac{1}{2}OC\times(-x_P)=-3x$,$S_{\triangle AOC}=9$,

$\therefore S=S_{\triangle APC}=S_{\triangle AOP}+S_{\triangle COP}-S_{\triangle AOC}=-3x^2-9x=-3(x+\dfrac{3}{2})^2+\dfrac{27}{4}$.

$\therefore$当$x=-\dfrac{3}{2}$时,S取得最大值,最大值为$\dfrac{27}{4}$.

(3)如图6所示,过点D作y轴的垂线,垂足为E,过点A作x轴的垂线交DE于点F.

由$y=mx^2+2mx-3m-m(x+1)^2-4m$可知,顶点坐标为$D(-1,-4m)$.

在Rt△OBC中,有$OB:OC=1:3m$,

当△ADC与△OBC相似时,△ADC为直角三角形,

且两条直角边的比为$1:3m$.

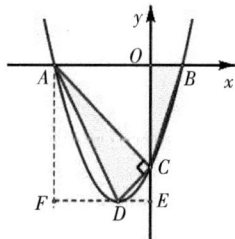

图6

情况一:如图6,当$\angle ACD=90°$时,有$\dfrac{OA}{EC}=\dfrac{OC}{ED}$.

$\therefore\dfrac{3}{m}=\dfrac{3m}{1}$,解得$m=1$.

而且 $\dfrac{CA}{CD} = \dfrac{OC}{ED} = 3$，$\dfrac{OC}{OB} = 3$，$\therefore \dfrac{CA}{CD} = \dfrac{OC}{OB}$，

$\therefore \triangle CDA \backsim \triangle OBC$，故 $m=1$ 成立.

情况二:如图7,当 $\angle ADC = 90°$ 时,有 $\dfrac{FA}{ED} = \dfrac{FD}{EC}$.

$\therefore \dfrac{4m}{1} = \dfrac{2}{m}$,解得 $m = \dfrac{\sqrt{2}}{2}$.

但是 $\dfrac{DA}{DC} = \dfrac{FD}{EC} = \dfrac{2}{m} = 2\sqrt{2}$,

$\dfrac{OC}{OB} = 3m = \dfrac{3\sqrt{2}}{2}$,

$\therefore \triangle DCA$ 与 $\triangle OBC$ 不相似,故 $m = \dfrac{\sqrt{2}}{2}$ 不成立.

综上所述,当 $m=1$ 时,$\triangle CDA \backsim \triangle OBC$.

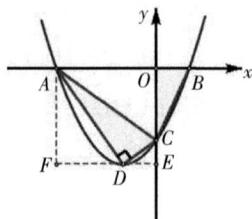

【反思明理】本题是一道多个知识点综合运用的问题,各小题之间互有联系.(1)中求解二次函数解析式,有多种设解析式的方式,但考虑给出的已知点是二次函数与 x 轴的两个交点,因而用交点式求抛物线的解析式比较简便.(2)中在 m 为确定值条件下求有关 $\triangle APC$ 面积的函数解析式,可考虑使用割补法.(3)中对两个三角形相似的情况要进行分类讨论,不能根据图形想当然地给定结果.

易错点十一 有关相似的分类讨论不完整

案例18 如图,在直角梯形 $ABCD$ 中,$AB \parallel CD$,$AD \perp AB$,$\angle B = 60°$,$AB = 10$,$BC = 4$,点 P 沿线段 AB 从点 A 向点 B 运动,设 $AP = x$.

(1)求 AD 的长;

(2)点 P 在运动过程中,是否存在以 A,P,D 为顶点的三角形与以 P,C,B 为顶点的三角形相似? 若存在,求出 x 的值;若不存在,请说明理由.

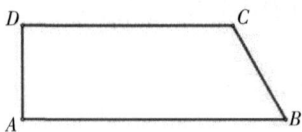

【考点涉及】动点问题,相似三角形的判定,分类讨论.

【错解呈现】(1)如图1所示,过点C作$CH \perp AB$于点H,

则有$AD=CH$.

在$Rt \triangle BCH$中,有$\angle B=60°$,$BC=4$,

∴$BH=2$,$CH=2\sqrt{3}$,

∴$AD=CH=2\sqrt{3}$.

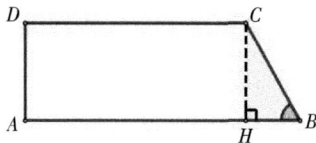
图1

(2)∵$\triangle APD$与$\triangle PCB$相似,

∴$\triangle PCB$一定是直角三角形.

如图2所示,当$\angle BCP=90°$时,有$BP=2BC=8$,

∴$AP=2$.

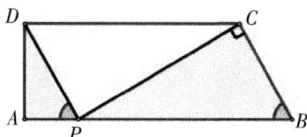
图2

∴$\dfrac{AP}{AD}=\dfrac{2}{2\sqrt{3}}=\dfrac{\sqrt{3}}{3}$,

∴$\angle APD=60°$,

∴$\triangle APD \backsim \triangle CBP$.

∴当$x=2$时,$\triangle APD \backsim \triangle CBP$.

【错点查找】(仔细阅读上面的"错解呈现",并将其中错误之处勾画出来)

以上错解中,对相似三角形的情况分类不准确,忽略了$\angle CPB=90°$的可能性,故而分类讨论不完整.

【出错归因】策略性失误:分类讨论不完整,思维不严谨.

【正解参考】(1)如图3,过点C作$CH \perp AB$于点H,则有$AD=CH$.

在$Rt \triangle BCH$中,有$\angle B=60°$,$BC=4$,

∴$BH=2$,$CH=2\sqrt{3}$,

∴$AD=2\sqrt{3}$.

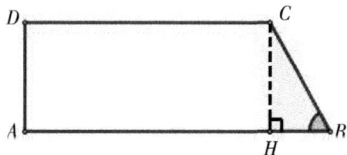
图3

(2)由题意知:$\triangle APD$是直角三角形,

当$\triangle APD$与$\triangle PCB$相似时,$\triangle PCB$一定是直角三角形.

情况一:如图4所示,当∠CPB=90°时,AP=10-2=8.

所以 $\dfrac{AP}{AD} = \dfrac{8}{2\sqrt{3}} = \dfrac{4\sqrt{3}}{3}$,而 $\dfrac{PC}{PB} = \sqrt{3}$.

此时△APD与△PCB不相似.

情况二:如图5所示,当∠BCP=90°时,

BP=2BC=8,

∴AP=2.

∴ $\dfrac{AP}{AD} = \dfrac{2}{2\sqrt{3}} = \dfrac{\sqrt{3}}{3}$,

∴∠APD=60°,

∴△APD∽△CBP.

综上所述,当x=2时,△APD∽△CBP.

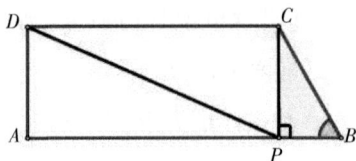

图4

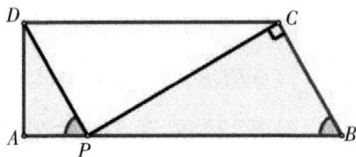

图5

【反思明理】(1)中主要考查转化思想和解直角三角形,通过作过C点的垂线段,可以很简洁地求出线段AD的长;(2)中考查相似三角形的判定和对直角的分类讨论.这里需要注意的是,并非每个分类都能得到确定的结果,也可能经过讨论,这种情况不存在,但是作为其中的一个分类,必须在解题中完整地进行讨论,否则分类不完整.

易错点十二 对相似三角形的存在性问题题意理解不清

案例19 如图,在△ABC中,AB=AC=5,BC=6,P是BC上的一个动点(与B,C点不重合),PE⊥AB于点E,PF⊥BC交AC于点F,设PC=x,记PE=y_1,PF=y_2.

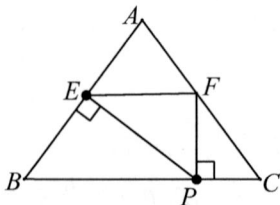

(1)分别求y_1,y_2关于x的函数关系式.

(2)是否存在点 P 使得 $\triangle PEF$ 为直角三角形? 若存在,求出 CP 的长;若不存在,请说明理由.

【考点涉及】等腰三角形的性质,相似三角形的判定,待定系数法求函数解析式,方程思想和分类讨论.

【错解呈现】(1)分析问题条件,寻之无果;

(2)没有解题办法.

【错点查找】(仔细阅读上面的"错解呈现",并将其中错误之处勾画出来)

(1)是在动点条件下构造相似三角形,进而进行函数关系的表示;(2)是在 $\triangle PEF$ 为直角三角形的前提下,对直角进行分类讨论,理清图形关系,求线段的长度.

【出错归因】策略性失误:具体问题中相似三角形的构造有困难,分类讨论不完整.

【正解参考】(1)由题意,过点 A 作 $AH \perp BC$ 于点 H,如图1.

由 $AB=AC=5$,$BC=6$ 可知: $BH=3$,$AH=4$,

由 $\angle EBP=\angle HBA$,$\angle BEP=\angle BHA=90°$,得

$\triangle BEP \backsim \triangle BHA$,

$\therefore \dfrac{PE}{AH}=\dfrac{PB}{AB}$,即 $\dfrac{y_1}{4}=\dfrac{6-x}{5}$,

即 $y_1=\dfrac{4}{5}(6-x)=-\dfrac{4}{5}x+\dfrac{24}{5}$,

同理可得 $y_2=\dfrac{4}{3}x$.

(2)易知 $\angle FPE=\angle B\neq 90°$.

①若 $\angle PFE=90°$,如图2所示.

易知: $Rt\triangle ABH \backsim Rt\triangle PFE$.

$\therefore \dfrac{BH}{AB}=\dfrac{PF}{PE}=\dfrac{3}{5}$,即 $\dfrac{y_2}{y_1}=\dfrac{3}{5}$,

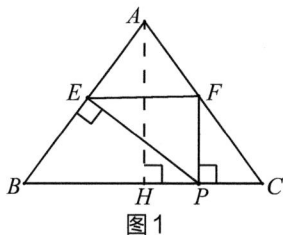

图1

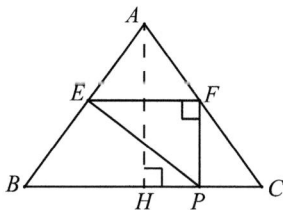

图2

$$\therefore \dfrac{\dfrac{4}{3}x}{-\dfrac{4}{5}x+\dfrac{24}{5}}=\dfrac{3}{5},解得 x=\dfrac{27}{17}.$$

②若∠PEF=90°,则点F应与点A重合,如图3所示.

∵AP⊥BC,

∴点P为BC边的中点,

∴x=3.

综上所述,$PC=\dfrac{27}{17}$ 或3.

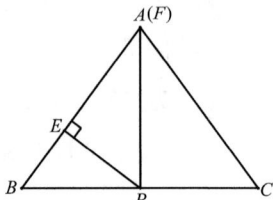

图3

【反思明理】因本题条件中有两个垂直关系,所以利用等腰三角形性质,作出底边上的高,结合角度关系构造相似三角形,是解决本题的关键.第(2)小题中,对△PEF中哪个角是直角的讨论,是解题时必须想到的.

易错点十三 对位似定义理解不透彻

案例20 如图所示,正方形ABCD和正方形OEFG中,点A和点F的坐标分别为(3,2),(-1,-1),求位于两个正方形之间的位似中心的坐标.

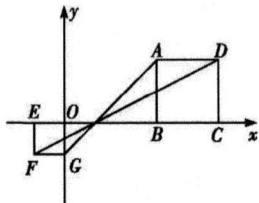

【考点涉及】位似的定义和位似的性质.

【错解呈现】由题意知:设位似中心为点P,由图形关系,猜测P在x轴上.

∵小正方形和大正方形的边长分别为1,2,

∴OP:PB=1:2,

∴P(1,0).

【错点查找】(仔细阅读上面的"错解呈现",并将其中错误之处勾画出来)

以上错解中,完全根据主观猜测,得到位似中心在 x 轴上的结论,而对于位似中心的坐标求解方法,也没有严密的逻辑推理,位似的性质掌握不熟.

【出错归因】四基性失误:位似的定义及性质应用不熟练.

心理性失误:马虎大意,审题不仔细.

【正解参考】∵点 O 与点 B、点 E 与点 C 是对应点,它们都在 x 轴上,

∴位似中心在 x 轴上.

由点 $A(3,2)$,$F(-1,-1)$ 及四边形 $ABCD$ 和四边形 $OEFG$ 是正方形,

可求得 $E(-1,0)$,$B(3,0)$,$C(5,0)$.

由位似图形的性质:设所求位似中心为 P,其坐标为 $(x,0)$,

则 $\dfrac{PE}{PC}=\dfrac{PO}{PB}$,即 $\dfrac{x+1}{5-x}=\dfrac{x}{3-x}$,解得 $x=1$.

∴位似中心的坐标是 $(1,0)$.

【反思明理】位似是一种特殊的相似,是对应点的连线交于一点的相似.在求解直角坐标系中的位似问题时,多以坐标原点为位似中心进行作图.本题给出了以一般点为位似中心的情况,重在于考查学生对位似性质的理解.

第4课 锐角三角函数与解直角三角形

★ 知识点——应知应懂 ★

1. 锐角三角函数

(1)准确地理解正弦、余弦、正切的概念.

(2)能根据正弦、余弦、正切的概念进行计算,了解互余两角三角函数的关系.

(3)知道30°,45°,60°的三角函数值,并能根据特殊角的三角函数值得到相应锐角的大小.

(4)会熟练地运用计算器求锐角的三角函数值.

2. 解直角三角形及其应用

(1)了解直角三角形中五个元素的关系,能利用直角三角形中锐角互余的关系求角度,会运用勾股定理求线段的长度.

(2)理解锐角三角函数在构建直角三角形中的边与角的关系中的作用.

(3)能将实际问题转化为解直角三角形的问题(仰角、俯角问题,坡度问题,方位角问题),能利用锐角三角函数解决实际问题的计算和证明.

★ 易错点——辨误明理 ★

(1)正弦、余弦、正切的概念掌握不准确.

(2)特殊角(30°,45°,60°)的三角函数值记忆混淆.

(3)对三角函数关系理解不透彻.

(4)锐角三角函数与其他知识综合运用出错.

（5）网格中的锐角三角函数计算出错.

（6）仰角、俯角问题中混用三角函数而出错.

（7）方位角问题中未准确应用锐角三角函数而出错.

（8）坡比、坡度不理解导致错误.

（9）实际问题中不会作辅助线、不能选择合适的锐角三角函数.

★析案例——避误纠错★

易错点一　正弦、余弦、正切的概念掌握不准确

案例1　平面直角坐标系中点 A 的坐标为 $(3,4)$，如图所示，射线 OA 与 x 轴正半轴的夹角为 α，则 $\cos\alpha$ 的值是（　　）

A. $\dfrac{3}{5}$　　　　B. $\dfrac{3}{4}$　　　　C. $\dfrac{4}{5}$　　　　D. $\dfrac{4}{3}$

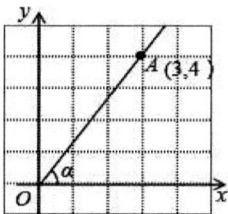

【考点涉及】锐角三角函数的定义和计算.

【错解呈现】过点 A 向 x 轴作垂线段，垂足为点 H，则

$H(3,0)$，则 $\cos\alpha=\dfrac{4}{3}$，故选 D.

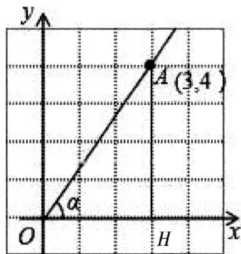

【错点查找】（仔细阅读上面的"错解呈现"，并将其中错误之处勾画出来）

以上错解中，错将 α 角的正切当成了 α 的余弦.

【出错归因】四基性失误：混淆锐角三角函数的概念，定义掌握不牢固.

【正解参考】由题意：过点 A 向 x 轴作垂线段，垂足为点 H，

则由 $A(3,4)$ 可知 : $H(3,0)$,

由勾股定理可知 : $OA=5$,则 $\cos\alpha=\dfrac{3}{5}$,故选 A.

【反思明理】锐角三角函数的定义为 : $\sin\alpha=\dfrac{对边}{斜边}$, $\cos\alpha=\dfrac{邻边}{斜边}$, $\tan\alpha=\dfrac{对边}{邻边}$.只有牢固地掌握了定义,才能加深对三角函数概念的理解,并进行灵活应用.

案例 2 在 $\triangle ABC$ 中, $\angle C=90°$, $\cos A=\dfrac{5}{13}$,则 $\tan A=($ $)$

A. $\dfrac{12}{13}$ B. $\dfrac{5}{12}$ C. $\dfrac{12}{5}$ D. $\dfrac{5}{13}$

【考点涉及】锐角三角函数的定义.

【错解呈现】 $\because\angle C=90°$, $\cos A=\dfrac{5}{13}$,

$\therefore\triangle ABC$ 的三边长分别为 5,12,13,且 $\angle A$ 的邻边为 5.

$\therefore\tan A=\dfrac{5}{12}$,故选 B.

【错点查找】(仔细阅读上面的"错解呈现",并将其中错误之处勾画出来)

以上错解中,没有准确地理解正切的定义,概念应用比较混乱,而且误将三边的比值当成三边的长度来计算.

【出错归因】四基性失误:锐角三角函数概念理解混淆.

【正解参考】由题意知 : $\cos A=\dfrac{5}{13}$,

$\therefore\triangle ABC$ 的三边之比分别为 5:12:13,如图所示.

设 $AC=5x$, $BC=12x$, $AB=13x$,

则 $\tan A=\dfrac{12x}{5x}=\dfrac{12}{5}$,故选 C.

【反思明理】本题中仅有 $\cos A=\dfrac{5}{13}$ 的条件,而没有边长的条件,因而只能求出直角三角形三边的比值,再

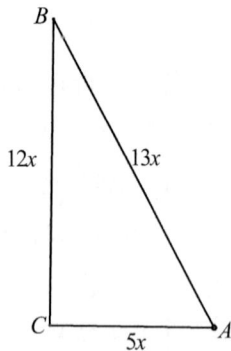

结合方程思想求解,关键是正确地掌握三个锐角三角函数的定义.

易错点二 特殊角(30°,45°,60°)的三角函数值记忆混淆

案例3 计算:$(-1)^{2019} - \sqrt{18} + (\pi-3)^0 + 4\sin 45°$.

【考点涉及】实数的运算,特殊角的锐角三角函数值.

【错解呈现】原式$=-1-3\sqrt{2}+0+4=3-3\sqrt{2}$.

【错点查找】(仔细阅读上面的"错解呈现",并将其中错误之处勾画出来)

以上错解中对零指数幂和45°的正弦值计算有误.

【出错归因】四基性失误:零指数幂和特殊角的三角函数值记忆不准确.

【正解参考】原式$=-1-3\sqrt{2}+1+4\times\dfrac{\sqrt{2}}{2}=-\sqrt{2}$.

【反思明理】具体求解中,要准确掌握九个特殊角的三角函数值,如下表所示:

α	30°	45°	60°
$\sin\alpha$	$\dfrac{1}{2}$	$\dfrac{\sqrt{2}}{2}$	$\dfrac{\sqrt{3}}{2}$
$\cos\alpha$	$\dfrac{\sqrt{3}}{2}$	$\dfrac{\sqrt{2}}{2}$	$\dfrac{1}{2}$
$\tan\alpha$	$\dfrac{\sqrt{3}}{3}$	1	$\sqrt{3}$

案例4 如图所示,四边形$ABCD$中,$\angle A=60°$,$\angle B=\angle D=90°$,若$AB=3\sqrt{3}$,$CD=3$,则$BC=$_____.

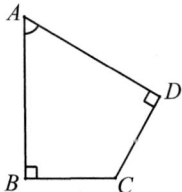

【考点涉及】特殊角的三角函数值,解直角三角形,含30°角的直角三角形的性质.

【错解呈现】由题意,连接AC,如图所示.

则 Rt$\triangle ABC \backsim$ Rt$\triangle ADC$(HL),

∵∠BAD=60°,

∴∠BAC=∠DAC=30°,

∵$AB=3\sqrt{3}$,

又由 tan30°=$\sqrt{3}$ 知 $\dfrac{AB}{BC}=\sqrt{3}$,

∴$BC=3\sqrt{3} \times \sqrt{3}=9$.

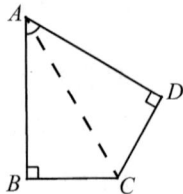

【错点查找】(仔细阅读上面的"错解呈现",并将其中错误之处勾画出来)

以上错解中,错误地应用了三角形全等的判定定理,并且混淆了30°的正切值的定义,导致了解题错误.

【出错归因】四基性失误:乱用三角形全等的判定,混淆了30°的正切值.

【正解参考】由题意,延长AD,BC,相交于点E,如图所示.

∵∠BAD=60°,

∴∠BEA=30°,

∵$AB=3\sqrt{3}$,

由 tan30°=$\dfrac{\sqrt{3}}{3}$ 知 $\dfrac{AB}{BE}=\dfrac{\sqrt{3}}{3}$,

∴$BE=3\sqrt{3} \times \sqrt{3}=9$,

又∵$CD=3$,

∴$CE=2CD=6$,

∴$BC=BE-CE=3$.

故应填:3.

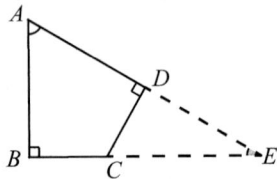

【反思明理】适当地连接辅助线,有助于问题的转化和求解,牢记特殊角的三角函数值,才能保证求解的正确性.本题也可以利用勾股定理,结合方程思想求解,但是步骤比利用锐角三角函数要复杂.可见,合理地利用三角函数可以简化问题的计算.

易错点三　对三角函数关系理解不透彻

案例5　下列式子中,错误的是(　　)

A.cos40°=sin50°　　　　　　B.tan15°·tan75°=1

C.sin²25°+cos²25°=1　　　　D.sin60°=2sin30°

【考点涉及】锐角三角函数的定义,特殊角的三角函数值的计算.

【错解呈现】无法证明选项的正确性,所以选择A,B,C.

【错点查找】(仔细阅读上面的"错解呈现",并将其中错误之处勾画出来)

以上错解中,没有准确地把握同角三角函数、互余两角三角函数关系,没有合理地利用画图的方法来求解,解题的关键在于正确理解同角及互余两角的三角函数的关系,再据此对逐个选项进行判断.

【出错归因】策略性失误:对同角三角函数关系和互余两角三角函数关系理解不透彻.

【正解参考】由同角三角函数关系可知:$\sin A=\cos(90°-A)$,选项A正确;

由$\tan A \cdot \tan(90°-A)=1$知,选项B正确;

由$\sin^2 A+\cos^2 A=1$知,选项C正确;

$\because \sin 60°=\dfrac{\sqrt{3}}{2}$,$2\sin 30°=2\times\dfrac{1}{2}=1$,

$\therefore \sin 60° \neq 2\sin 30°$,故应选D.

【反思明理】同角三角函数关系为:①平方关系,$\sin^2 A+\cos^2 A=1$;②商的关系,$\tan \alpha=\dfrac{\sin \alpha}{\cos \alpha}$.互余两角三角函数关系为:①$\sin A=\cos(90°-A)$;②$\tan A \cdot \tan(90°-A)=1$.解题时灵活运用以上关系,有助于问题的分析和求解.

案例6　一般地,当α,β为任意角时,$\sin(\alpha+\beta)$与$\sin(\alpha-\beta)$的值可以用下面的公式求得.$\sin(\alpha+\beta)=\sin \alpha \cdot \cos \beta+\cos \alpha \cdot \sin \beta$;$\sin(\alpha-\beta)=\sin \alpha \cdot \cos \beta-\cos \alpha \cdot \sin \beta$.例如:$\sin 90°=\sin(60°+30°)=\sin 60° \cdot \cos 30°+\cos 60° \cdot \sin 30°=\dfrac{\sqrt{3}}{2}\times$

$\dfrac{\sqrt{3}}{2}+\dfrac{1}{2}\times\dfrac{1}{2}=1$. 类似地,可以求得 $\sin15°$ 的值是_____.

【考点涉及】锐角三角函数的定义,特殊角的锐角三角函数值,新定义问题.

【错解呈现】由题意知: $\sin15°=\sin(30°-15°)=\sin30°\cos15°-\cos30°\cdot\sin15°$,

即 $\sin15°=\dfrac{1}{2}\cos15°-\dfrac{\sqrt{3}}{2}\sin15°$,然后就没有办法求解了.

【错点查找】(仔细阅读上面的"错解呈现",并将其中错误之处勾画出来)

以上错解中,没有准确地选用公式,没有将 $15°$ 角合理地转化为特殊角之间的和差关系,因而没有求出正确结果.

【出错归因】策略性失误:没有准确地分析新定义的条件,选择合理的公式,分析问题的能力薄弱.

【正解参考】由 $\sin(\alpha-\beta)=\sin\alpha\cdot\cos\beta-\cos\alpha\cdot\sin\beta$ 可知:

$\sin15°=\sin(45°-30°)=\sin45°\cdot\cos30°-\cos45°\cdot\sin30°$

$$=\dfrac{\sqrt{2}}{2}\times\dfrac{\sqrt{3}}{2}-\dfrac{\sqrt{2}}{2}\times\dfrac{1}{2}$$

$$=\dfrac{\sqrt{6}-\sqrt{2}}{4}.$$

故答案为 $\dfrac{\sqrt{6}-\sqrt{2}}{4}$.

【反思明理】本题求解中易出现两处错误:①理解错误或不理解而用错公式;②记错特殊角的锐角三角函数值.因此,准确地分析问题,牢固地掌握特殊角的锐角三角函数值是解题的关键.

易错点四 锐角三角函数与其他知识综合运用出错

案例7 如图,半径为 3 的 $\odot A$ 经过原点 O 和点 $C(0,2)$,B 是 y 轴左侧 $\odot A$ 优弧上一点,则 $\tan\angle OBC=($ $)$

A. $\dfrac{1}{3}$　　　B. $2\sqrt{2}$　　　C. $\dfrac{\sqrt{2}}{4}$　　　D. $\dfrac{2\sqrt{2}}{3}$

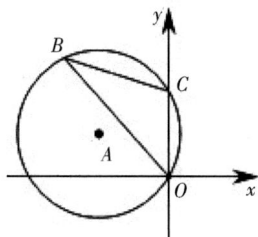

【考点涉及】圆周角定理及其推论,三角函数的定义及计算.

【错解呈现】没有解题思路.

【错点查找】(仔细阅读上面的"错解呈现",并将其中错误之处勾画出来)

本题求解的关键步骤是利用圆周角定理,构造直角三角形,且其中有一个锐角等于∠OBC,合理地把∠OBC的正切值转化到直角三角形中求解.

【出错归因】策略性失误:分析题意不透彻,转化问题的能力薄弱.

【正解参考】由题意,连接CD.

则有∠COD=90°,∴CD是⊙A的直径,

∴∠OBC=∠ODC,

在Rt△OCD中,$OD=\sqrt{6^2-2^2}=4\sqrt{2}$,

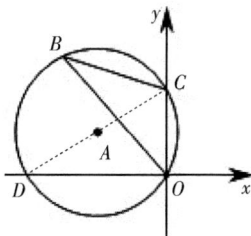

∴$\tan\angle ODC=\dfrac{2}{4\sqrt{2}}=\dfrac{\sqrt{2}}{4}$,

故选C.

【反思明理】本题求解中,须借助圆周角定理的转化作用,构造直角三角形,并将坐标系内的点坐标转化为线段的长度,再应用三角函数定义求得三角函数值.直径所对的圆周角是直角,是圆中构造直角三角形的一个有效方式.

案例8　如图,△ABC中,AB=AC=4,∠C=72°,D是AB的中点,点E在AC上,DE⊥AB,则cosA的值为(　　　)

A. $\dfrac{\sqrt{5}-1}{2}$　　　B. $\dfrac{\sqrt{5}-1}{4}$　　　C. $\dfrac{\sqrt{5}+1}{4}$　　　D. $\dfrac{\sqrt{5}+1}{2}$

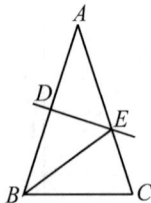

【考点涉及】锐角三角函数的定义,等腰三角形的性质,相似三角形的判定和性质.

【错解呈现】∵ D 是 AB 的中点, $DE\perp AB$,

∴ $AE=BE$,

由 $\angle C=72°$ 知, $\angle ABC=72°$, $\angle A=\angle ABE=36°$.

到此没有接着做下去的解题思路.

【错点查找】(仔细阅读上面的"错解呈现",并将其中错误之处勾画出来)

本题的求解关键是利用给定条件,构造出 $\triangle CBE\backsim\triangle CAB$,再结合方程思想,由 $\dfrac{CB}{CA}=\dfrac{CE}{CB}$ 算出线段 CB 的长度,再在直角 $\triangle ADE$ 或 $\triangle BDE$ 中进行余弦的计算.

【出错归因】策略性失误:相似三角形判断不准确,分析和转化问题的能力薄弱.

【正解参考】∵ $AB=AC$, $\angle C=72°$,

∴ $\angle ABC=\angle C=72°$,

∴ $\angle A=180°-\angle ABC-\angle C=180°-72°-72°=36°$.

∵ $DE\perp AB$, D 是 AB 的中点,

∴ DE 是线段 AB 的垂直平分线,

∴ $AD=\dfrac{1}{2}AB=\dfrac{1}{2}\times 4=2$, $AE=BE$,

又 ∵ $\angle ABE=\angle A=36°$, ∴ $\angle CBE=\angle ABC-\angle ABE=72°-36°=36°$,

∴∠BEC=180°−∠CBE−∠C=180°−36°−72°=72°,

∴∠BEC=∠C,∴BC=BE.

∴△CBE∽△CAB,

则有 $\dfrac{CB}{CA}=\dfrac{CE}{CB}$,即 $\dfrac{AE}{4}=\dfrac{4-AE}{AE}$,解得 $AE=2\sqrt{5}-2$.

在 Rt△ADE 中,$\cos A=\dfrac{AD}{AE}=\dfrac{2}{2\sqrt{5}-2}=\dfrac{1}{\sqrt{5}-1}=\dfrac{\sqrt{5}+1}{4}$,

故选择 C.

【反思明理】本题研究的对象是黄金三角形,即顶角为36°的等腰三角形.它具有的性质是:底角平分线将原三角形分为一个等腰三角形和一个新的黄金三角形.本题正是巧妙地利用这个性质,构造相似三角形,结合方程思想求出线段长度,再结合三角函数定义求解.

案例9 若∠A是锐角,且 $\sin A$ 的值是一元二次方程 $2x^2-3x+1=0$ 的一个根,则∠A=_____.

【考点涉及】一元二次方程的求解,特殊角的三角函数值.

【错解呈现】由 $2x^2-3x+1=0$ 得 $(2x-1)(x-1)=0$,

∴ $x_1=1$,$x_2=\dfrac{1}{2}$,

又 $\sin A$ 的值是方程 $2x^2-3x+1=0$ 的一个根,

∴ $\sin A=\dfrac{1}{2}$,

∴∠A=60°.

【错点查找】(仔细阅读上面的"错解呈现",并将其中错误之处勾画出来)

以上错解中,对特殊角的三角函数值记忆有误,混淆了30°和60°角的正弦值,导致了结果的错误.

【出错归因】四基性失误:混淆特殊角的三角函数值.

【正解参考】由 $2x^2-3x+1=0$ 得 $(2x-1)(x-1)=0$,

$\therefore x_1=1, x_2=\dfrac{1}{2}$,

又 sinA 的值是方程 $2x^2-3x+1=0$ 的一个根,

$\therefore sinA=\dfrac{1}{2}$,

$\therefore \angle A=30°$.

【反思明理】本题借助一元二次方程的背景,考查特殊角的三角函数值,以及锐角和三角函数值的一一对应关系.解题时须准确地记忆三个特殊角的三角函数值.

易错点五　网格中的锐角三角函数计算出错

案例 10　如图,在边长为 1 的小正方形组成的网格中,△ABC 的三个顶点均在格点上.若点 E 是 BC 的中点,则 sin∠CAE 的值为_____.

【考点涉及】勾股定理及其逆定理,锐角三角函数的定义,直角三角形的性质.

【错解呈现】由勾股定理可以得到:$AB=\sqrt{5}$,$BC=5$,

$AC=2\sqrt{5}$,

$\because$ 点 E 是 BC 的中点,

$\therefore \angle CAE=\angle C$,

$\therefore \sin\angle CAE=\sin C=\dfrac{AC}{BC}=\dfrac{2\sqrt{5}}{5}$,故应填:$\dfrac{2\sqrt{5}}{5}$.

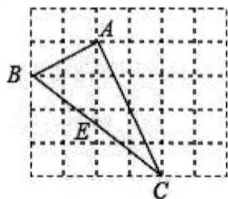

【错点查找】(仔细阅读上面的"错解呈现",并将其中错误之处勾画出来)

以上错解中,没有通过证明直接将△ABC 视为直角三角形,且在计算三角函数值时,混淆了正弦、余弦的概念.

【出错归因】四基性失误:概念混淆,勾股定理逆定理不会运用.

【正解参考】由图形可知:$AB=\sqrt{5}$,$BC=5$,$AC=2\sqrt{5}$,

$\therefore AC^2+AB^2=BC^2$,

∴△ABC为直角三角形,且∠BAC=90°,

∵点E是BC的中点,

∴AE=CE,∠CAE=∠C,

∴sin∠CAE=sin$C$=$\dfrac{AB}{BC}$=$\dfrac{\sqrt{5}}{5}$,故应填:$\dfrac{\sqrt{5}}{5}$.

【反思明理】网格中的三角函数问题,要借助网格的作用,计算出线段的长度,再结合题干条件,构造直角三角形,求解三角函数值.

案例 11　如图所示的网格是正方形网格,∠BAC_____∠DAE.(填">""="或"<")

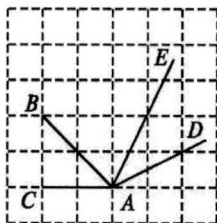

【考点涉及】勾股定理,三角函数的定义,三角形面积的计算,转化思想.

【错解呈现】观察图形知:∠BAC=45°,∠DAE<45°,

故应填:>.

【错点查找】(仔细阅读上面的"错解呈现",并将其中错误之处勾画出来)

以上解法中,仅凭几何直观解题,没有准确的推理和论证,不能保证解题的准确性.

【出错归因】策略性失误:不能及时地转化问题.

【正解参考】如图,取格点N,H,连接NH,BC,过点N作$NP⊥AD$于点P,

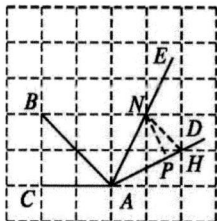

则有 $S_{\triangle ANH}=2\times2-\dfrac{1}{2}\times1\times2\times2-\dfrac{1}{2}\times1\times1=\dfrac{1}{2}AH\cdot NP$,

即 $\dfrac{3}{2}=\dfrac{\sqrt{5}}{2}PN$,解得 $PN=\dfrac{3}{\sqrt{5}}$,

在 Rt$\triangle ANP$ 中,有 $\sin\angle NAP=\dfrac{PN}{AN}=\dfrac{\dfrac{3}{\sqrt{5}}}{\sqrt{5}}=\dfrac{3}{5}=0.6$,

在 Rt$\triangle ABC$ 中,有 $\sin\angle BAC=\dfrac{BC}{AB}=\dfrac{2}{2\sqrt{2}}=\dfrac{\sqrt{2}}{2}>0.6$,

∵ 正弦值在 $0°\sim90°$ 范围内随着角度的增大而增大,

∴ $\angle BAC>\angle DAE$.

【反思明理】为了能准确地比较出两个角的大小,本题采用等积法求解 $\triangle ANH$ 的面积,进而求出线段 NP 的长度,结合锐角三角函数,算出要比较的两个角的正弦值,再结合正弦的变化特征,确定两个角的大小,思考方法非常新颖,值得借鉴.

易错点六 仰角、俯角问题中混用三角函数而出错

案例 12 如图,甲、乙两座建筑物的水平距离 BC 为 78 m,从甲的顶部 A 处测得乙的顶部 D 处的俯角为 $48°$,测得底部 C 处的俯角为 $58°$,求甲、乙建筑物的高度 AB 和 DC(结果取整数).(参考数据:$\tan48°\approx1.11$,$\tan58°\approx1.60$)

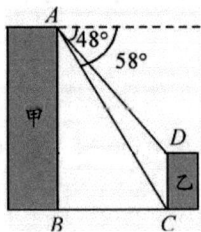

【考点涉及】仰角、俯角的定义,锐角三角函数的计算.

【错解呈现】由题意,在 Rt$\triangle ABC$ 中,有 $BC=78$ m,$\angle ACB=58°$,

则 $AB=BC\cdot\tan\angle ACB\approx78\times1.60\approx125$(m),

线段 DC 的求解方法没有思路.

【错点查找】(仔细阅读上面的"错解呈现",并将其中错误之处勾画出来)

以上错解中,没有准确地找到辅助线的连接方法,导致48°的角没有充分得到运用,未能求出线段DC的长度.

【出错归因】策略性失误:没有及时连接辅助线,转化问题的能力薄弱.

【正解参考】如图所示,过点D作DE⊥AB,垂足为点E,

则有∠AED=∠BED=90°,

由题意可知:BC=78 m,∠ADE=48°,∠ACB=58°,

又∵∠ABC=90°,∠DCB=90°,

∴四边形BCDE为矩形,

∴ED=BC=78 m,DC=EB,

在Rt△ABC中,有BC=78 m,∠ACB=58°,

则AB=BC·tan∠ACB≈78×1.60≈125(m).

在Rt△AED中,有AE=DE·tan∠ADE≈78×1.11≈87(m),

∴DC=EB≈125-87=38(m),

故所求线段AB,DC的长分别为125 m和38 m.

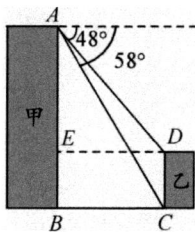

【反思明理】在仰角、俯角的问题中,适当地添加辅助线,有助于图形的转化和问题的求解.本题求解中,通过作垂线,将线段BC进行平移转化,当作两个直角三角形的直角边,再借助锐角三角函数通过计算得到结果.本题也可结合方程思想求解.

案例13 如图,小强想测量楼CD的高度,楼在围墙内,小强只能在围墙外测量,他无法测得观测点到楼底的距离,于是小强在A处仰望楼顶,测得仰角为37°,再往楼的方向前进30米至B处,测得楼顶的仰角为53°(A,B,C三点在一条直线上),求楼CD的高度(结果精确到0.1米,小强的身高忽略不计).

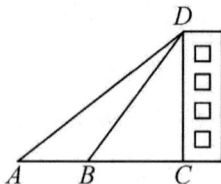

【考点涉及】锐角三角函数的定义和计算,方程思想.

【错解呈现】由题意,∠DAC=37°,∠DBC=53°,BC=30米,

则在 Rt△DBC 中,有 DC=BC·tan∠DBC≈30×tan53°≈39.8(米),

故所求楼 CD 的高度为 39.8 米.

【错点查找】(仔细阅读上面的"错解呈现",并将其中错误之处勾画出来)

以上错解中,将线段 AB 的长度当成了线段 BC 的长度,从而导致解题错误.

【出错归因】心理性失误:马虎大意,审题不清.

【正解参考】设楼 CD 的高度为 x 米,由题意可知:∠DAC=37°,∠DBC=53°,BC=30米,

在 Rt△ACD 中,有 $AC = \dfrac{DC}{\tan\angle DAC} = \dfrac{x}{\tan 37°}$,

同理,在 Rt△BCD 中,有 $BC = \dfrac{DC}{\tan\angle DBC} = \dfrac{x}{\tan 53°}$,

又 AC−BC=AB,即 $\dfrac{x}{\tan 37°} - \dfrac{x}{\tan 53°} = 30$,

解得 x≈52.3.

答:楼 CD 的高度是 52.3 米.

【反思明理】求解有关仰角、俯角的问题时,可适当地借助方程思想,设与几个直角三角形都有关系的线段为未知数,利用三角函数关系构造等式求解,可以事半功倍.

易错点七 **方位角问题中未准确应用锐角三角函数而出错**

案例14 如图所示,灯塔 B 在灯塔 A 的南偏东 $30°$ 方向上,且与灯塔 A 相距 10 海里,一艘货轮 C 在灯塔 A 的南偏西 $60°$ 方向、灯塔 B 的北偏西 $75°$ 方向上,那么货轮 C 与灯塔 B 的距离是_____海里.

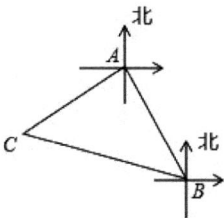

【考点涉及】方位角的计算,锐角三角函数的定义,解直角三角形.

【错解呈现】未准确地将方位角转化到图形中,没有解题思路.

【错点查找】(仔细阅读上面的"错解呈现",并将其中错误之处勾画出来)

准确地理解方位角的定义,并将方位角转化到具体图形中去,是解决本题的关键.

【出错归因】策略性失误:分析问题的能力薄弱.

【正解参考】如图,延长过 A 点、B 点的方向线,得交点 D 和 E. 由题意得 $\angle BAD=30°$,$\angle CAD=60°$,$\angle CBE=75°$,$AB=10$ 海里.

$\because AD /\!/ BE$,

$\therefore \angle ABE=\angle BAD=30°$,

$\therefore \angle ABC=\angle CBE-\angle ABE=75°-30°=45°$.

在 $\triangle ABC$ 中,$\because \angle BAC=\angle BAD+\angle CAD=30°+60°=90°$,$\angle ABC=45°$,

$\therefore \triangle ABC$ 是等腰直角三角形,

$\because AB=10$ 海里,

$\therefore BC=\dfrac{AB}{\tan 45°}=10\sqrt{2}$(海里).

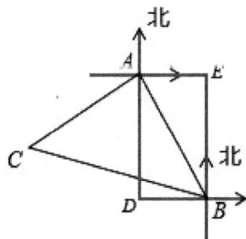

故答案为 $10\sqrt{2}$.

【反思明理】方位角以正北和正南为角的始边,以方向线为角的终边.解题中应准确地抓住题干中所给的方位角,判断三角形形状,再结合三角函数,求解线段长度.

易错点八 坡比、坡度不理解导致错误

案例15 一山坡的坡比为1:0.75,一人沿山坡向上走了15米,那么这个人垂直高度上升了_____米.

【考点涉及】坡比的定义,解直角三角形.

【错解呈现】∵坡比为1:0.75,

∴垂直高度上升的距离$= 15 \times \dfrac{1}{0.75} = 20$(米).

故应填:20.

【错点查找】(仔细阅读上面的"错解呈现",并将其中错误之处勾画出来)

以上解法中,没有理解什么是坡比,以及沿山坡向上走15米是何含义,故得到错误的答案.

【出错归因】四基性失误:不理解坡比的定义.

【正解参考】如图所示,在Rt△ABC中,AB=15米,且$\dfrac{BC}{AC} = \dfrac{1}{0.75} = \dfrac{4}{3}$,

设$BC=4x$,$AC=3x$,

则$AB=5x=15$,

解得$x=3$.

则$BC=4x=12$(米).

故应填:12.

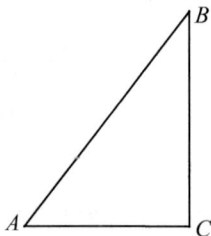

【反思明理】坡角是指斜坡与水平线之间的夹角,坡角的正切值即为坡度(坡比),坡度一般记为$i=1:\cdots$的形式.解题的关键是准确地理解题干中各个条件,然后正确转化图形关系.

易错点九 实际问题中不会作辅助线、不能选择合适的锐角三角函数

案例16 如图1是一副创意卡通圆规,图2是其平面示意图,OA是支撑臂,OB是旋转臂.使用时,以点A为支撑点,铅笔芯端点B可绕点A旋转作出圆.已知$OA=OB=10$ cm.

(1)当$\angle AOB=18°$时,求所作圆的半径(结果精确到0.01 cm);

(2)保持$\angle AOB=18°$不变,在旋转臂OB末端的铅笔芯折断了一截的情况下,作出的圆与(1)中所作圆的大小相等,求铅笔芯折断部分的长度(结果精确到0.01 cm,参考数据:$\sin 9°\approx 0.1564$,$\cos 9°\approx 0.9877$,$\sin 18°\approx 0.3090$,$\cos 18°\approx 0.9511$,可使用科学计算器).

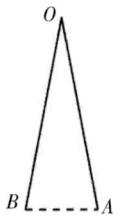

图1　　　图2

【考点涉及】锐角三角函数的定义,解直角三角形.

【错解呈现】(1)作$OC\perp AB$于点C,如图3所示.

∵$OA=OB=10$ cm,$\angle OCB=90°$,$\angle AOB=18°$,

∴$\angle BOC=9°$,

∴$AB=2BC=2OB\cdot\sin 9°\approx 2\times 10\times 0.1564\approx 3.13$(cm),

即所作圆的半径约为3.13 cm.

(2)未读懂题意,不会求解.

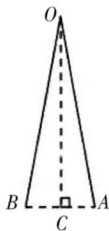

图3

【错点查找】(仔细阅读上面的"错解呈现",并将其中错误之处勾画出来)

第(2)小题的求解,应建立在准确分析"在旋转臂OB末端的铅笔芯折断了一截的情况下,作出的圆与(1)中所作圆的大小相等"的含义上.圆的大小

相等,即半径相等,圆心没变,即形成以AB为腰的等腰三角形.

【出错归因】策略性失误:分析问题的能力薄弱.

【正解参考】(1)作$OC \perp AB$于点C,如图4所示.

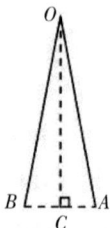

$\because OA=OB=10$ cm,$\angle OCB=90°$,$\angle AOB=18°$,

$\therefore \angle BOC=9°$,

$\therefore AB=2BC=2OB \cdot \sin 9° \approx 2 \times 10 \times 0.1564 \approx 3.13$(cm),

即所作圆的半径约为3.13 cm.

图4

(2)作$AD \perp OB$于点D,在OB上取点E,使$AE=AB$,如图5所示,易知$BE=2BD$.

$\because$ 保持$\angle AOB=18°$不变,在旋转臂OB末端的铅笔芯折断了一截的情况下,作出的圆与(1)中所作圆的大小相等,

$\therefore$ 折断的部分为BE.

在Rt$\triangle AOD$中,

$\because \angle AOB=18°$,

$\therefore OD=AO \cdot \cos 18°=10 \times 0.9511 \approx 9.511$(cm),

$\therefore BD=OB-OD=10-9.511 \approx 0.489$ cm,

$\therefore BE=2BD=2 \times 0.489 \approx 0.98$ cm,

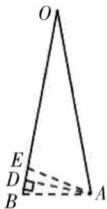

图5

即铅笔芯折断部分的长度约是0.98 cm.

【反思明理】由本题的求解过程可知:准确地分析问题条件,是找准解题思路的前提.

第二单元　多边形与平行四边形

　　平行四边形是常见的几何图形,既具有丰富的性质,又在现实生活中具有广泛的应用,尤其是矩形、菱形、正方形等特殊的平行四边形的性质更加丰富,应用更加广泛.

　　本单元是在平行线、三角形、四边形的基础上进一步研究平行四边形,并通过平行四边形边角的特殊化研究,认识矩形、菱形、正方形等特殊的平行四边形,理解概念之间的联系与区别,明确他们的内涵与外延,探索并证明平行四边形、矩形、菱形、正方形的性质定理和判定定理,进一步明确命题及其逆命题的关系,不断发展学生的合情推理和演绎能力.转化与化归是数学中常用的方法,在平行四边形的学习中,可以通过连接对角线把平行四边形化归为两个全等的三角形,应用全等三角形的性质,得出平行四边形的性质.在探索证明三角形的中位线定理时,可以通过构造平行四边形把三角形中的问题转化为平行四边形中的问题,然后利用平行四边形的性质.

第1课 多边形及其内角和

★ 知识点——应知应懂 ★

(1)了解多边形的有关概念:边、内角、外角、对角线、正多边形.

(2)掌握多边形的内角和与外角和公式.

(3)会求多边形的对角线的条数.

(4)了解四边形的不稳定性.

★ 易错点——辨误明理 ★

(1)对多边形的内角和与外角和公式的掌握出现错误.

(2)在计算多边形的对角线的条数时出现错误.

(3)对正多边形的定义理解出现错误.

(4)在求多边形的边数时出现错误.

★ 析案例——避误纠错 ★

易错点一 对多边形的内角和与外角和公式的掌握出现错误

案例1 如果一个多边形内角和等于外角和的2倍,则这个多边形是
( )

A.四边形 B.五边形 C.六边形 D.八边形

【考点涉及】多边形的内角和与外角和公式.

【错解呈现】因为多边形的外角和是$360°$,四边形的内角和是$360°$,所以内角和等于外角和的2倍的多边形是八边形.

【错点查找】(请仔细阅读上面的"错解呈现",并将其中错误之处勾画出来)

虽然四边形的内角和是$360°$,但是不能想当然地认为八边形的内角和就是$720°$,而应该根据多边形的内角和公式进行计算.

【出错归因】逻辑性失误:四边形的内角和是$360°$,然后就想当然地认为内角和是$720°$的多边形一定是八边形.

策略性失误:没有根据多边形的内角和公式进行计算得出结果.

【正解参考】设这个多边形是n边形,根据题意可列方程:

$(n-2)\cdot180=360×2$,

解得$n=6$,

故选C.

【反思明理】多边形的外角和都是$360°$,与边数无关;而n边形的内角和是$(n-2)\cdot180$,每增加一条边内角和就增加$180°$.另外,在做数学题时,切记不可不经过计算推理而随意得出答案.

关于多边形内角与外角的考查,通常有下列几种情况:(1)已知多边形的边数,求内角和;(2)已知多边形的内角和,求边数;(3)已知内角和与外角和的关系,求边数;(4)正多边形的边数与内角、外角的互求.无论哪种形式的问题,抓住"内角和公式$(n-2)×180°$"和"外角和总是$360°$"这两个结论就能解决.

案例2　如图,分别以五边形$ABCDE$的五个顶点为圆心,半径为r作五个互相不相交的圆,求图中阴影部分的面积.

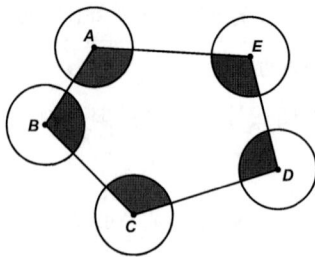

【考点涉及】多边形的内角和,扇形的面积公式.

【错解呈现】错解一:不能求出每个扇形的面积,所以不能求出它们的面积和.

错解二:图中的扇形可拼成一个圆,所以阴影部分的面积是 πr^2.

【错点查找】(请仔细阅读上面的"错解呈现",并将其中错误之处勾画出来)

求出这五个角之和后可以发现,它们的和并不是360°,所以它们不能拼成一个圆,面积也就不是 πr^2.

【出错归因】策略性失误:没有找出正确的解题路径和方法.

【正解参考】五个扇形拼成的大扇形的内角和是 $(5-2)\times180°=540°$,

所以阴影部分的面积 $S_{阴影} = \dfrac{540\pi r^2}{360} = \dfrac{3}{2}\pi r^2$.

【反思明理】求面积和除了先求各部分的面积再求和之外,还可以采取拼——"化零为整"的方法,本题就是这种方法.此题中五个小扇形拼成的大扇形的圆心角是大于周角360°的,解题时不能受到这种情况的干扰,而是应根据扇形的面积公式计算.

案例3 如图,求 $\angle A+\angle B+\angle C+\angle D+\angle E+\angle F$ 的度数.

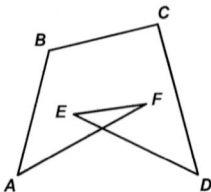

【考点涉及】多边形的内角和与外角和.

【错解呈现】错解一：不能求出每个角的度数，所以不能求出它们的度数和.

错解二：如图，连接AD.

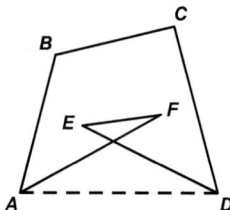

$\because \angle E=\angle EDA,\angle F=\angle FAD,$

$\therefore \angle A+\angle B+\angle C+\angle D+\angle E+\angle F=\angle BAD+\angle B+\angle C+\angle CDA=360^{\circ}.$

【错点查找】(请仔细阅读上面的"错解呈现"，并将其中错误之处勾画出来)

因为EF和AD并不是平行的，所以$\angle E\neq\angle EDA,\angle F\neq\angle FAD$，但是根据三角形的内角和或外角和性质可以证明$\angle E+\angle F=\angle FAD+\angle EDA$.

【出错归因】策略性失误：没有找出正确的解题路径和方法，或者干脆就是想当然地进行几何证明与计算.

【正解参考】解法一：如图，连接AD，记DE与AF的交点为G.

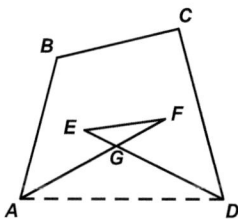

$\because \angle E+\angle F=\angle FGD=\angle ADG+\angle DAG,$

$\therefore \angle BAF+\angle B+\angle C+\angle CDE+\angle E+\angle F$

$\quad =\angle BAF+\angle B+\angle C+\angle CDE+\angle ADG+\angle DAG$

$\quad =\angle BAD+\angle B+\angle C+\angle CDA=360^{\circ}.$

(也可以用三角形的内角和定理证明$\angle E+\angle F=\angle ADG+\angle DAG$)

解法二：如图，延长FE交AB于点G，延长EF交CD于点H.

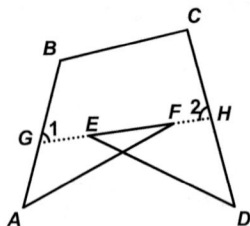

则$\angle 1 = \angle A + \angle AFE$，$\angle 2 = \angle D + \angle DEF$，

$\therefore \angle A + \angle B + \angle C + \angle D + \angle DEF + \angle AFE = \angle 1 + \angle B + \angle C + \angle 2 = 360°$.

(也可以延长DE与AB或者延长AF与CD，用类似的方法求解.)

【反思明理】此类问题的求解是把所有的角转化到同一个多边形中，再利用多边形的内角和.

易错点二　在计算多边形的对角线的条数时出现错误

案例4　若过m边形的一个顶点有7条对角线，n边形没有对角线，k边形有k条对角线，求$(m-k)^n$的值.

【考点涉及】多边形对角线的条数的计算公式.

【错解呈现】由题意得$m=9$，$n=3$，$k=5$，

$\therefore (m-k)^n = (9-5)^3 = 4^3 = 64$.

【错点查找】(请仔细阅读上面的"错解呈现"，并将其中错误之处勾画出来)

过m边形的一个顶点有7条对角线，则可得$m-3=7$，$m=10$，而不是$m=9$.

【出错归因】四基性失误：没有在理解的基础上熟记求多边形对角线的条数的公式.

【正解参考】由题意得$m-3=7$，$n=3$，

$\dfrac{k(k-3)}{2} = k\,(k \geqslant 3)$，

$\therefore m=10$，$n=3$，$k=5$，

$\therefore (m-k)^n = (10-5)^3 = 5^3 = 125$.

【反思明理】因为在过一个顶点作多边形的对角线时，不能经过这个顶

点本身以及相邻的两个顶点,所以过n边形的一个顶点有$(n-3)$条对角线,n边形一共有$\dfrac{n(n-3)}{2}$条对角线.

易错点三 对正多边形的定义理解出现错误

案例5 下列说法:①正多边形的各边都相等;②各边相等的多边形是正多边形;③正多边形的所有的角都相等;④各角都相等的多边形是正多边形;⑤边数相同的两个正多边形的形状一定相同.其中正确的有_____.(填序号)

【考点涉及】正多边形的定义.

【错解呈现】①②③④⑤

【错点查找】(请仔细阅读上面的"错解呈现",并将其中错误之处勾画出来)

各边相等、各角相等的多边形叫正多边形.也就是说正多边形的各边相等,各角也相等,但是只有各边相等的多边形并不一定是正多边形,只有各角相等的多边形也不一定是正多边形,所以②④是错误的.

【出错归因】四基性失误:对正多边形的定义理解出现了错误.

【正解参考】因为正多边形的各边相等,各角也相等,所以①③是正确的.各边相等的多边形并不一定是正多边形,如菱形;各角相等的多边形也不一定是正多边形,如矩形,所以②④是错误的.边数相同的两个正多边形一定相似,所以形状一定相同,所以⑤是正确的.故本题的答案是①③⑤.

【反思明理】各边相等、各角相等的多边形叫正多边形,这是正多边形的定义.它既是正多边形的性质(正多边形的各边相等,各角也相等),也可以作为正多边形的判定.只有同时具备各边相等和各角相等的多边形才是正多边形.

易错点四 在求多边形的边数时出现错误

案例6 一个多边形切去一个角后,形成的另一个多边形的内角和为

1080°,那么原多边形的边数为(　　　　)

A.7　　　　　　B.7或8　　　　　　C.8或9　　　　　　D.7或8或9

【考点涉及】多边形的内角和公式,分类讨论.

【错解呈现】设新多边形是n边形,则有$(n-2)\cdot180=1080$,

解得$n=8$,

切去一个角后是八边形,所以原多边形是九边形.故选C.

【错点查找】(请仔细阅读上面的"错解呈现",并将其中错误之处勾画出来)

九边形切去一个角后,结果不是只有八边形一种可能,还有可能是九边形或十边形三种可能.

【出错归因】策略性失误:对此类问题的解题思路和方法没有弄清楚.

【正解参考】设新多边形是n边形,则有$(n-2)\cdot180=1080$,

解得$n=8$,

切去一个角后是八边形,所以原多边形的边数可能是七、八或九.故选D.

【反思明理】把n边形切去一个角,有三种可能,如下图所示.

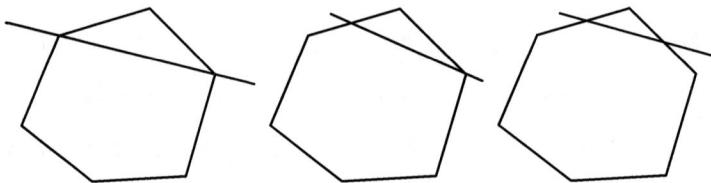

以$n=6$为例,得到的多边形有可能少一条边,有可能边数不变,也有可能多一条边.所以n边形切去一个角后,得到的多边形有可能是$(n-1)$边形、n边形或$(n+1)$边形;反过来,把多边形切去一个角后得到n边形,那么原多边形也有可能是$(n-1)$边形、n边形或$(n+1)$边形.

案例7 小颖同学在计算多边形的内角和时,得到的答案是2020°.

(1)同桌小静看到计算结果后,马上说小颖的计算肯定有错,你知道小静是如何判断的吗?

(2)小颖重新检查后,发现自己真的少加了一个内角,你能求出这个内角的度数吗?

(3)小颖求的这个多边形有多少条边?

【考点涉及】多边形的内角和公式.

【错解呈现】感觉有点懵,只看答案又没有计算就知道别人是错的,还能求出少加的内角的度数.

【错点查找】(请仔细阅读上面的"错解呈现",并将其中错误之处勾画出来)

n 边形的内角和公式是 $(n-2)\cdot180$,n 是大于或等于 3 的正整数,所以 $(n-2)\cdot180$ 一定是 $180°$ 的整数倍数,而 $2020°$ 不是 $180°$ 的整数倍数,所以小颖的计算肯定是错误的.

【出错归因】四基性失误:对多边形的内角和公式的特征把握不够.

【正解参考】(1)$2020°$ 不是 $180°$ 的整数倍数,所以小颖的计算肯定是错误的.

(2)∵ $11\times180<2020<12\times180$,

而 $12\times180-2020=140$,

∴ 少加的内角是 $140°$.

(3)设这个多边形的边数是 n,则有 $(n-2)\cdot180=12\times180$,

解得 $n=14$,

故所求的多边形是十四边形.

【反思明理】由 n 边形的内角和公式 $(n-2)\cdot180°$ 可知,n 边形的内角和一定是 $180°$ 的整数倍数,并且少加的内角一定是大于 $0°$ 而小于 $180°$.所以此题也可以列不等式来求解.

设边数为 n,少加的内角度数为 α,则

$0<(n-2)\cdot180-2020<180$,

解得 $13\dfrac{2}{9}<n<14\dfrac{2}{9}$,而 n 为正整数,∴$n=14$.故所求的多边形是十四边形.

$\alpha=(n-2)\cdot180-2020=(14-2)\cdot180-2020=140$.故少加的内角是 $140°$.

第2课 平行四边形

★ 知识点——应知应懂 ★

(1)了解平行四边形的概念.

(2)掌握平行四边形的性质和判定.

(3)会求平行四边形的面积.

(4)了解两条平行线之间距离的意义,能度量两条平行线之间的距离.

(5)掌握三角形中位线定理.

★ 易错点——辨误明理 ★

(1)不能灵活运用平行四边形的性质而出现错误.

(2)不能熟练应用平行四边形的判定而出现错误.

(3)在求与平行四边形的面积有关问题时出现错误.

(4)不能灵活应用三角形中位线定理而出现错误.

(5)考虑问题不全面,没有注意分类讨论而出现错误.

★ 析案例——避误纠错 ★

易错点一 不能灵活运用平行四边形的性质而出现错误

案例1 如图,在 $\square ABCD$ 中,对角线 AC,BD 相交于点 O,如果 $AC=14$, $BD=8$,$AB=x$,那么 x 的取值范围是 _____.

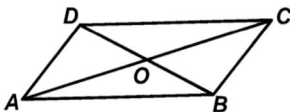

【考点涉及】平行四边形的性质,三角形的三边关系.

【错解呈现】8<x<14

【错点查找】(请仔细阅读上面的"错解呈现",并将其中错误之处勾画出来)

AB 边的长的取值范围并不是在两条对角线之间,而应该根据三角形的三边关系进行计算.

【出错归因】四基性失误和策略性失误:不能灵活运用平行四边形和三角形的三边关系解题,把 AB,AC 的一半、BD 的一半转化到一个三角形中,从而求出 AB 的取值范围.

【正解参考】∵四边形 ABCD 是平行四边形,

∴ $OA=\dfrac{1}{2}AC=7$,$OB=\dfrac{1}{2}BD=4$,

在△OAB 中,由三角形三边关系可得

$OA-OB < AB < OA+OB$,即 $7-4 < x < 7+4$,

∴$3< x <11$.

【反思明理】平行四边形的性质有:对边平行且相等,对角相等,对角线互相平分.

平行四边形的两边和对角线能组成一个三角形,平行四边形的两条对角线的一半和一条边也能组成一个三角形,这个特点经常在求边或对角线的取值范围时用到.

此题如果求 BC 的取值范围,方法一样,结果也是一样.

易错点二 不能熟练应用平行四边形的判定而出现错误

案例 2 在下列给出的条件中,能判定四边形 ABCD 为平行四边形的是

( )

A.$AB=CD$,$AD/\!/BC$ 　　　　B. $\angle A=\angle B$,$\angle C=\angle D$

C.$\angle A=\angle C$,$\angle B=\angle D$ 　　　D. $AC=BD$,$AB=CD$

【考点涉及】平行四边形的判定.

【错解呈现】由平行且相等可得四边形$ABCD$是平行四边形,故选A.

【错点查找】(请仔细阅读上面的"错解呈现",并将其中错误之处勾画出来)

A选项是一组对边相等,另一组对边平行,这样的四边形不一定是平行四边形,反例如梯形.同一组对边平行且相等的四边形才是平行四边形.

【出错归因】四基性失误:对平行四边形的判定没有熟练掌握.

【正解参考】平行且相等的必须是同一组对边,才能判定四边形是平行四边形.如果是一组对边相等,而另一组对边平行,就不能得到四边形是平行四边形.例如等腰梯形也有一组对边平行,一组对边相等,但不是平行四边形,故A不正确.B选项是两组邻角分别相等,而不是两组对角分别相等,因此B不正确,C正确.D选项是两条对角线相等和一组对边相等,也不能得到四边形$ABCD$是平行四边形.综上所述,正确选项是C.

【反思明理】判定一个四边形是平行四边形,一共有五种方法:

(1)两组对边分别平行的四边形是平行四边形(定义);

(2)两组对边分别相等的四边形是平行四边形;

(3)一组对边平行且相等的四边形是平行四边形;

(4)两组对角分别相等的四边形是平行四边形;

(5)对角线互相平分的四边形是平行四边形.

在实际应用时,应灵活选用适当的方法.

案例3 如图,□$ABCD$中,E,G,F,H分别是四条边上的点,且$AE=CF$,$BG=DH$.

求证:EF与GH互相平分.

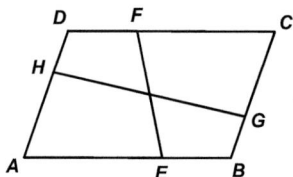

【考点涉及】平行四边形的性质和判定,三角形全等.

【错解呈现】如图,连接AC,BD相交于点O.

∵四边形$ABCD$是平行四边形,

∴∠CAB=∠ACD,$OA=OC$,

又∵$AE=CF$,

∴△AEO≌△CFO(SAS),

∴$OE=OF$,

同理可得$OG=OH$,

∴EF与GH互相平分.

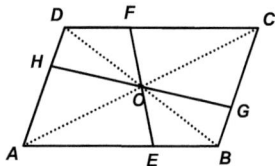

【错点查找】(请仔细阅读上面的"错解呈现",并将其中错误之处勾画出来)

O点是AC,BD的交点,并没有证明一定是EF,GH的交点,所以过程中出现△AEO和△CFO是错误的.

【出错归因】逻辑性失误:证明过程不严谨,推理不严密.表面上看没问题,其实O点是AC,BD的交点,也是EF,GH的交点,但是没有经过证明,不能在证明过程中直接应用.

【正解参考】如图,连接EG,GF,FH,HE.

∵四边形$ABCD$是平行四边形,

∴∠A=∠C,$AD=BC$,

∵$BG=DH$,

∴$AD-DH=BC-BG$,即$AH=CG$,

又∵$AE=CF$,∠A=∠C,

∴△AEH≌△CFG(SAS),

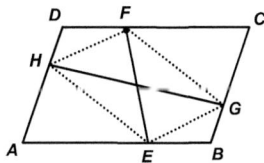

∴ $EH = FG$.

同理可得 $EG = FH$,

∴ 四边形 $EGFH$ 是平行四边形,

∴ EF 与 GH 互相平分.

【反思明理】几何证明题证明过程要做到"步步有据",切不可想当然. 本题要证明 EF 与 GH 互相平分,只需证明四边形 $EGFH$ 是平行四边形即可. 如果按互相平分的定义来证明,就要麻烦得多了.

易错点三　在求与平行四边形的面积有关问题时出现错误

案例4　如图,□$ABCD$ 的顶点 D 在 □$AEFG$ 的边 FG 上,□$AEFG$ 的顶点 E 在 □$ABCD$ 的边 BC 上,□$ABCD$ 的面积等于10,求 □$AEFG$ 的面积.

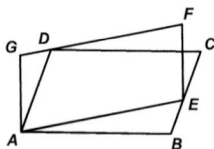

【考点涉及】平行四边形的面积.

【错解呈现】找不到这两个平行四边形的关系,无从下手,解不出来.

【错点查找】(请仔细阅读上面的"错解呈现",并将其中错误之处勾画出来)

不能很好地理解题意,梳理题干条件,建立逻辑关系.

【出错归因】策略性失误:找不到解题的路径和方法.

【正解参考】如图,连接 DE,

则 $\triangle ADE$ 与 □$ABCD$ 有公共的底边 (AD),

高都是 AD 与 BC 之间的距离,

∴ $S_{\square ABCD} = 2S_{\triangle ADE}$,

同理可得 $S_{\square AEFG} = 2S_{\triangle ADE}$,

∴ $S_{\square AEFG} = S_{\square ABCD} = 10$.

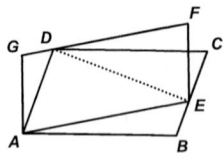

【反思明理】平行四边形的面积公式是 $S_{\square} = ah$,而三角形的面积公式是

$S_\triangle=\frac{1}{2}ah$,当一个平行四边形与一个三角形等底等高时,平行四边形的面积是三角形的面积的2倍.连接DE后,△ADE与□ABCD是同底同高,与□AEFG也是同底同高,所以可得到这两个平行四边形的面积是相等的,本题也就迎刃而解了.

案例5 如图,E,F是□ABCD的边AD上的两点,△EOF的面积为4,△BOC的面积为9,四边形ABOE的面积为7,则图中阴影部分的面积为

_____.

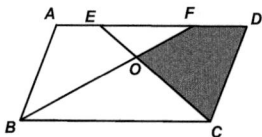

【考点涉及】三角形与平行四边形的面积计算,相似三角形的判定和性质.

【错解呈现】如图,连接BE.∵四边形ABCD是平行四边形,

∴AD∥BC,

∴△EOF∽△BOC,

∴$\dfrac{S_{\triangle EOF}}{S_{\triangle BOC}}=\dfrac{OE}{OC}=\dfrac{4}{9}$,

∴$\dfrac{S_{\triangle BOE}}{S_{\triangle BOC}}=\dfrac{OE}{OC}=\dfrac{4}{9}$,

∴$S_{\triangle BOE}=\dfrac{4}{9}\times 9=4$,

∴$S_{\triangle BEC}=S_{\triangle BOE}+S_{\triangle BOC}=4+9=13$,

∴$S_{\square ABCD}=2S_{\triangle BEC}=2\times 13=26$,

∴$S_{阴影}=26-4-7-9=6$,

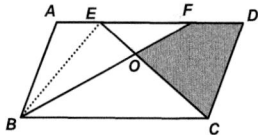

【错点查找】(请仔细阅读上面的"错解呈现",并将其中错误之处勾画出来)

相似三角形的面积比等于相似比的平方,而不是等于相似比.

【出错归因】心理性失误:思维定式,相似三角形的对应线段的比、周长

的比都等于相似比,但是面积的比不是等于相似比,而是等于相似比的平方.

【正解参考】如图,连接 $BE.\because$ 四边形 $ABCD$ 是平行四边形,

$\therefore AD /\!/ BC$,

$\therefore \triangle EOF \backsim \triangle BOC$,

$\therefore \dfrac{S_{\triangle EOF}}{S_{\triangle BOC}} = \dfrac{OE^2}{OC^2} = \dfrac{4}{9}, \therefore \dfrac{OE}{OC} = \dfrac{2}{3}$,

$\therefore \dfrac{S_{\triangle BOE}}{S_{\triangle BOC}} = \dfrac{OE}{OC} = \dfrac{2}{3}, \therefore S_{\triangle BOE} = \dfrac{2}{3} \times 9 = 6$,

$\therefore S_{\triangle BEC} = S_{\triangle BOE} + S_{\triangle BOC} = 6 + 9 = 15$,

$\therefore S_{\square ABCD} = 2 S_{\triangle BEC} = 2 \times 15 = 30$,

$\therefore S_{阴影} = 30 - 4 - 7 - 9 = 10$.

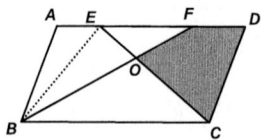

【反思明理】在解与平行四边形的面积有关的问题时,经常把平行四边形的面积转化为三角形的面积.本题在求 $\triangle BEC$ 的面积时,应先用相似三角形的面积比等于相似比求 OE 与 OC 的比,再根据有公共高的两个三角形的面积比等于底边之比,从而求出 $\triangle BOE$ 的面积和 $\triangle BEC$ 的面积.

易错点四 **不能灵活应用三角形中位线定理而出现错误**

案例6　如图,四边形 $ABCD$ 中,AC,BD 相交于点 O,且 $AC = BD$,点 E,F 分别是 AD,BC 的中点,EF 分别交 AC,BD 于点 M,N.求证:$OM = ON$.

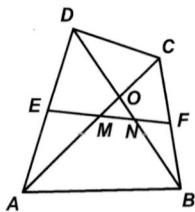

【考点涉及】三角形的中位线,等腰三角形的判定.

【错解呈现】$\because$ 点 E,F 分别是 AD,BC 的中点,

$\therefore M,N$ 分别是 AC,BD 的中点,

$\because AC = BD$,

∴OM=ON.

【错点查找】(请仔细阅读上面的"错解呈现,"并将其中错误之处勾画出来)

错解中的思路是错乱的.本题中有两条线段的中点,可以再作一条线段的中点,构造三角形的中位线,利用三角形中位线的性质解题.

【出错归因】逻辑性失误:证明过程混乱.

策略性失误:没有找到合适的证明方法.

【正解参考】如图,取AB的中点P,连接PE,PF.

∵点E,F分别是AD,BC的中点,

∴PE,PF分别是△ABD和△ABC的中位线,

∴PE//BD,PF//AC且$PE=\frac{1}{2}BD$,$PF=\frac{1}{2}AC$,

∴∠PEF=∠DNE,∠PFE=∠CMF,

∵$PE=\frac{1}{2}BD$,$PF=\frac{1}{2}AC$,AC=BD,

∴PE=PF,

∴∠PEF=∠PFE,

∴∠DNE=∠CMF,

∴OM=ON.

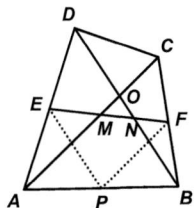

【反思明理】三角形中位线定理是证明线段关系的重要依据,它的结论中既有位置关系(平行),又有数量关系(中位线等于第三边的一半).当题目中出现中点时,常考虑构造三角形的中位线,利用三角形的中位线定理来解决问题.

易错点五　考虑问题不全面,没有注意分类讨论而出现错误

案例7　如图,在梯形ABCD中,AB//CD,CD=24 cm,AB=30 cm,点E从点D向C以1 cm/s的速度运动,到C点立即停止,点F从B向A以2 cm/s的速度运动,到A点立即停止,直线EF截梯形为两个四边形.问当E,F同时出发,

几秒后其中一个四边形是平行四边形?

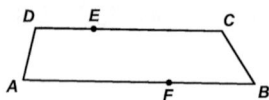

【考点涉及】平行四边形的判定,分类讨论.

【错解呈现】设点 E,F 同时出发,t 秒后四边形 $ECBF$ 是平行四边形,由题意可得:

$DE=t$,$BF=2t$,$CE=24-t$,

由 $CE=BF$,即 $24-t=2t$,解得 $t=8$,

所以,当点 E,F 出发 8 秒后,四边形 $ECBF$ 是平行四边形.

【错点查找】(请仔细阅读上面的"错解呈现",并将其中错误之处勾画出来)

题中得出的结论是其中一个四边形是平行四边形,也就是说四边形 $ECBF$ 和四边形 $EDAF$ 都有可能是平行四边形,所以要分两种情况讨论.

【出错归因】心理性失误:读题不仔细,考虑问题不全面.

【正解参考】设点 E,F 同时出发,t 秒后四边形 $EDAF$ 或四边形 $ECBF$ 是平行四边形,由题意可得

$DE=t$,$BF=2t$,$AF=30-2t$,$CE=24-t$,

当四边形 $EDAF$ 是平行四边形时,则 $DE=AF$,即 $t=30-2t$,解得 $t=10$;

当四边形 $ECBF$ 是平行四边形时,则 $CE=BF$,即 $24-t=2t$,解得 $t=8$.

综上所述,当 E,F 出发 10 秒或 8 秒后,其中一个四边形是平行四边形.

【反思明理】遇到动点有关的问题时,我们应"化动为静",把相关的线段用字母表示出来,再根据题意列出方程求解.

本题应注意分类讨论,一般情况下如需分类讨论,题中都有暗示性的语言.如本题中的"其中一个是平行四边形",又如直线上某点(不说线段上某点),就要考虑点在线段上或点在线段的延长线上.

案例8 在 □$ABCD$ 中,∠BAD 的平分线 AE 把边 BC 分成 5 cm 和 6 cm 两部分,求 □$ABCD$ 的周长.

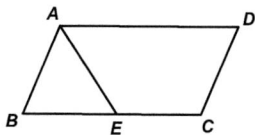

【考点涉及】平行四边形的性质.

【错解呈现】∵ AE 平分 $\angle BAD$,

∴ $\angle BAE=\angle EAD$.

∵ 四边形 $ABCD$ 是平行四边形,

∴ $AD/\!/BC$,

∴ $\angle BEA=\angle EAD$,

∴ $\angle BEA=\angle BAE$,

∴ $AB=BE$,

在 $\square ABCD$ 中, $AB=CD$, $BC=AD$, $BE=5$, $EC=6$.

则 $\square ABCD$ 的周长 $=2(AB+BC)=2\times(5+5+6)=32$ (cm),

∴ $\square ABCD$ 的周长是 32cm.

【错点查找】(请仔细阅读上面的"错解呈现",并将其中错误之处勾画出来)

题目中的条件"AE 把边 BC 分成 5 cm 和 6 cm 两部分",并没有指明 BE 和 EC 哪条线段是 5 cm,哪条线段是 6 cm,所以需分类讨论.

【出错归因】心理性失误:考虑问题不全面,只考虑一种情况而出错.

【正解参考】∵ AE 平分 $\angle BAD$,

∴ $\angle BAE=\angle EAD$.

∵ 四边形 $ABCD$ 是平行四边形,

∴ $AD/\!/BC$,

∴ $\angle BEA=\angle EAD$,

∴ $\angle BEA=\angle BAE$,

∴ $AB=BE$,

在 $\square ABCD$ 中, $AB=CD$, $BC=AD$,

若 $BE=5$, 则 $EC=6$, 则 $\square ABCD$ 的周长 $=2(AB+BC)=2\times(5+5+6)=32(\text{cm})$,

若 $BE=6$, 则 $EC=5$, 则 $\square ABCD$ 的周长 $=2(AB+BC)=2\times(6+6+5)=34(\text{cm})$,

综上所述, $\square ABCD$ 的周长是 32 cm 或 34 cm.

【反思明理】对于需要画图解决的几何问题,要考虑到图形的所有情况,避免漏解.

第3课　矩形、菱形和正方形

★ **知识点——应知应懂** ★

（1）了解矩形、菱形和正方形的概念.

（2）掌握矩形、菱形和正方形的性质和判定.

（3）理解并掌握平行四边形、矩形、菱形和正方形之间的关系.

（4）掌握直角三角形斜边的中线等于斜边的一半的性质及应用.

（5）理解并能灵活应用矩形、菱形和正方形的面积解题.

★ **易错点——辨误明理** ★

（1）对矩形、菱形、正方形的性质理解出现错误.

（2）在应用矩形、菱形和正方形的判定时思路不清而出现错误.

（3）在求与矩形、菱形和正方形的面积有关问题时出现错误.

（4）不能灵活应用直角三角形斜边的中线等于斜边的一半而出错.

（5）在求与特殊四边形有关的折叠、最值、多结论问题时出错.

★ **析案例——避误纠错** ★

易错点一　对矩形、菱形、正方形的性质理解出现错误

案例1　以下性质：①两组对边分别平行且相等；②四个角都是直角；③四条边都相等；④对角线互相平分；⑤对角线互相垂直；⑥对角线相等.其中

是矩形所特有的性质的是_____,是菱形所特有的性质的是_____.

【考点涉及】矩形和菱形的性质.

【错解呈现】矩形所特有的性质是①②④⑥,菱形所特有的性质是①③④⑤.

【错点查找】(请仔细阅读上面的"错解呈现",并将其中错误之处勾画出来)

①④不是矩形的特有性质,也不是菱形所特有的性质,而是它们所共有的性质.

【出错归因】四基性失误:对矩形和菱形的性质理解不够.

【正解参考】矩形所特有的性质是②⑥,菱形所特有的性质是③⑤.

【反思明理】平行四边形的性质有:对边平行且相等,对角相等,邻角互补,对角线互相平分.

矩形特有的性质有:四个角是直角,对角线相等.因为矩形是特殊的平行四边形,所以矩形具有平行四边形的所有性质.故矩形的性质有:对边平行且相等,邻边垂直,四个角是直角,对角线互相平分且相等.

菱形特有的性质有:四条边都相等,对角线互相垂直.因为菱形也是特殊的平行四边形,所以菱形也具有平行四边形的所有性质.故菱形的性质有:对边平行,四边相等,对角相等,邻角互补,对角线互相垂直平分.

案例2 如图,在矩形$ABCD$中,M为BC边上一点,连接AM,过点D作$DE \perp AM$,垂足为点E.若$DE=DC=1$,$AE=2EM$,则BM的长为_____.

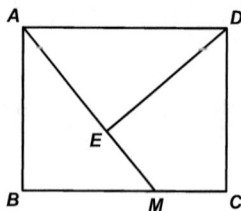

【考点涉及】矩形的性质,三角形全等,勾股定理.

【错解呈现】$BM=DC=1$.

【错点查找】(请仔细阅读上面的"错解呈现",并将其中错误之处勾画

出来)

没有看懂题意,无法有效梳理题干条件,仅凭图形关系,想当然猜想
答案.

【出错归因】逻辑性失误:找不到题目的解题思路,猜想的答案.

【正解参考】方法一:如图,连接DM.∵四边形$ABCD$是矩形,$DE \perp AM$,

∴△DCM和△DEM都是直角三角形,

∵$DM = DM$,$DC = DE$,

∴Rt△$DCM \cong$ Rt△DEM(HL),

∴$EM = CM$.

设$EM = CM = x$,则$AE = 2x$,$AM = 3x$,设$BM = y$,则$BC = x + y$,

∵△ADM与矩形$ABCD$同底等高,

∴$S_{\triangle ADM} = \frac{1}{2} S_{矩形ABCD}$,即$\frac{1}{2} AM \cdot DE = \frac{1}{2} AB \cdot AD$,

∴$\frac{1}{2} \cdot 3x \cdot 1 = \frac{1}{2} \times 1 \cdot (x + y)$,

∴$y = 2x$.

在Rt△ABM中,由勾股定理得$AB^2 + BM^2 = AM^2$,

即$1^2 + (2x)^2 = (3x)^2$,解得$x = \frac{\sqrt{5}}{5}$,

∴$BM = 2x = \frac{2\sqrt{5}}{5}$.

方法二:连接DM.∵四边形$ABCD$是矩形,$DE \perp AM$,

∴△DCM和△DEM都是直角三角形,

∵$DM = DM$,$DC = DE$,

∴Rt△$DCM \cong$ Rt△DEM(HL),

∴$EM = CM$,

∵四边形$ABCD$是矩形,$DE \perp AM$,

∴$AB = CD = DE$,$\angle B = \angle AED = 90°$,$AD /\!/ BC$,

∴$\angle BMA = \angle EAD$,而$AB = DE$,$\angle B = \angle AED$,

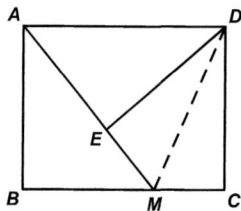

∴△ABM≌△DEA(AAS),

∴AM=DA,BM=AE,

设EM=CM=x,则AE=BM=2x,AM=3x,AB=CD=1,

在Rt△ABM中,由勾股定理得$AB^2+BM^2=AM^2$,

即$1^2+(2x)^2=(3x)^2$,解得$x=\dfrac{\sqrt{5}}{5}$,

∴$BM=2x=\dfrac{2\sqrt{5}}{5}$.

【反思明理】在做几何题时,要从已知条件出发,多思考由已知条件可得出什么结论;另外要看所要证明的结论,还需具备什么条件,两者相结合便可以求解.如本题中由已知DE=DC可得△DCM≌△DEM,得到EM=CM,再由面积得到BM和AM的关系,最后由勾股定理列方程求解即可(方法一).

本题证明出EM=CM之后,也可以证明△ABM≌△DEA,从而得出BM和AM的关系,再用勾股定理列方程求解(方法二).

易错点二 **在应用矩形、菱形和正方形的判定时思路不清而出现错误**

案例3 如图,AC是矩形ABCD的对角线,过AC的中点O作EF⊥AC,交BC于点E,交AD于点F,连接AE,CF.

求证:四边形AECF是菱形.

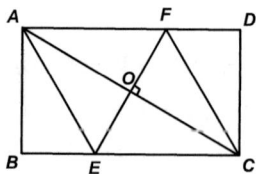

【考点涉及】矩形的性质,线段垂直平分线的性质,菱形的判定.

【错解呈现】∵四边形ABCD是矩形,

∴AD//BC,

∵O是AC的中点,EF⊥AC,

∴EF垂直平分AC,

∴$AF=FC,AE=EC$,

∴四边形$AECF$是菱形.

【错点查找】(请仔细阅读上面的"错解呈现",并将其中错误之处勾画出来)

在四边形$AECF$中,有一组对边平行,对角线互相垂直,交点O是其中一条对角线的中点(不是互相平分),两组邻边相等,由这些条件并不能得出四边形$AECF$是菱形.

【出错归因】逻辑性失误:对应用菱形的判定定理解题时思路混乱.

【正解参考】∵四边形$ABCD$是矩形,

∴$AD/\!/BC$,

∴$\angle FAC=\angle ECA$,

∵O是AC的中点,$EF\perp AC$,

∴EF垂直平分AC,

∴$AF=FC,AE=EC$,

∵$\angle FAO=\angle ECO,OA=OC,\angle FOA=\angle EOC$,

∴$\triangle FAO\cong\triangle ECO$(ASA),

∴$AF=CE$,

∴$AF=FC=AE=EC$,

∴四边形$AECF$是菱形.

【反思明理】证明一个四边形是菱形的方法有两种:第一种是先证明四边形是平行四边形,再证一组邻边相等或者是对角线互相垂直;第二种是证明四条边相等.做题时不能把部分条件凑合在一起就得到四边形是菱形.证明过程要思路清晰,步步有据,不能想当然.

案例4 如图1,在$\triangle ABC$中,$AB=AC$,过AB上一点作$DE/\!/AC$交BC于点E,以E为顶点,ED为一边,作$\angle DEF=\angle A$,另一边EF交AC于点F.

(1)求证:四边形$ADEF$为平行四边形;

(2)当点D为AB的中点时,$\square ADEF$的形状为_____;

(3)延长图1中的DE到点G,使$EG=DE$,连接AE,AG,FG,得到图2,若AD

=AG,判断四边形AEGF的形状,并说明理由.

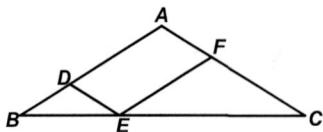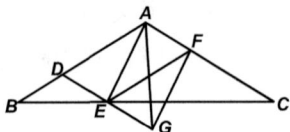

图1   图2

【考点涉及】平行四边形、菱形、矩形的判定.

【错解呈现】(1)∵DE//AC,∠DEF=∠A,

∴四边形ADEF为平行四边形.

(2)□ADEF的形状为菱形.理由如下:

∵D为AB的中点,∴AD=$\frac{1}{2}$AB,

∵DE//AC,D为AB的中点,

∴E为BC的中点,

∴DE是△ABC的中位线,

∴DE=$\frac{1}{2}$AC,

∵AB=AC,

∴AD=DE,

∴□ADEF是菱形.

(3)四边形AEGF是矩形,理由如下:

∵AD=AG,EG=DE,

∴AE⊥EG,

∴四边形AEGF是矩形.

【错点查找】(请仔细阅读上面的"错解呈现",并将其中错误之处勾画出来)

(1)中"一组对边平行,一组对角相等的四边形是平行四边形"虽然是真命题,但不是定理,不能作为证明的依据;另外,(3)中只证明出一个角是直角的四边形,不能得到是矩形.

【出错归因】逻辑性失误:不能正确地应用平行四边形、菱形、矩形的判定解题.

【正解参考】(1)∵DE∥AC,∴∠BDE=∠A,

∵∠DEF=∠A,∴∠BDE=∠DEF,

∴AD∥EF,又∵DE∥AC,

∴四边形$ADEF$为平行四边形.

(2)□$ADEF$的形状为菱形.理由如下:

∵D为AB的中点,∴$AD=\dfrac{1}{2}AB$,

∵DE∥AC,D为AB的中点,

∴E为BC的中点,

∴DE是△ABC的中位线,

∴$DE=\dfrac{1}{2}AC$,

∵$AB=AC$,

∴$AD=DE$,

∴□$ADEF$是菱形.

(3)四边形$AEGF$是矩形.理由如下:

由(1)得,四边形$ADEF$是平行四边形,

∴AF∥DE,$AF=DE$,

又∵$EG=DE$,

∴AF∥GE,$AF=GE$,

∴四边形$AEGF$是平行四边形,

∵$AD=AG$,$EG=DE$,

∴$AE⊥EG$,

∴四边形$AEGF$是矩形.

【反思明理】证明一个四边形是矩形的方法有两种:一种是先证明它是平行四边形,再证明它有一个角是直角,或对角线相等;另一种是证明它有

三个角是直角.

证明一个四边形是正方形的方法也有两种:一种是先证明它是矩形,再证它有一组邻边相等,或对角线垂直;另一种是先证明它是菱形,再证明它有一个角是直角,或对角线相等.

另外,几何题解答过程的书写,步骤要清晰有依据.

易错点三 在求与矩形、菱形和正方形的面积有关问题时出现错误

案例5 如图,P 是矩形 $ABCD$ 内的任意一点,连接 PA,PB,PC,PD,得到 $\triangle PAB$,$\triangle PBC$,$\triangle PCD$,$\triangle PDA$,设它们的面积分别为 S_1,S_2,S_3,S_4. 给出如下结论:

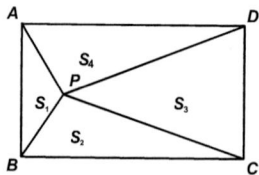

①$S_1+S_4=S_2+S_3$;

②$S_2+S_4=S_1+S_3$;

③若 $S_3=2S_1$,则 $S_4=2S_2$;

④若 $S_1=S_2$,则点 P 在矩形的对角线上.

其中正确结论的序号是＿＿＿＿＿＿＿＿＿＿＿(把所有正确结论的序号都填在横线上).

【考点涉及】矩形与三角形的面积计算.

【错解呈现】①②③④

【错点查找】(请仔细阅读上面的"错解呈现",并将其中错误之处勾画出来)

根据矩形面积和三角形面积的公式,可以得出结论 $S_2+S_4=S_1+S_3$,都等于矩形面积的一半,故②是正确的;然后再判断题中的其他三个结论是否正确.

【出错归因】策略性失误:不能灵活运用矩形和三角形面积公式解题.

【正解参考】当B,P,D三点不在同一直线上时,$S_1+S_4\neq S_2+S_3\neq\dfrac{1}{2}S_{矩形ABCD}$,故①错误.

设点P到AB,BC,CD,DA的距离分别为h_1,h_2,h_3,h_4,则有

$$S_1=\dfrac{1}{2}AB\cdot h_1, S_2=\dfrac{1}{2}BC\cdot h_2, S_3=\dfrac{1}{2}CD\cdot h_3, S_4=\dfrac{1}{2}DA\cdot h_4,$$

又∵四边形$ABCD$是矩形,

∴$AB=CD,BC=DA$,

∴$S_1+S_3=\dfrac{1}{2}AB\cdot h_1+\dfrac{1}{2}CD\cdot h_3=\dfrac{1}{2}AB\cdot BC=\dfrac{1}{2}S_{矩形ABCD}$,

同理$S_2+S_4=\dfrac{1}{2}S_{矩形ABCD}$,

∴$S_1+S_3=S_2+S_4$,故②正确.

若$S_3=2S_1$,则$\dfrac{1}{2}CD\cdot h_3=2\times\dfrac{1}{2}AB\cdot h_1$,而$AB=CD$,所以$h_3=2h_1$,但是不能得到$h_4=2h_2$,也就不能得到$S_4=2S_2$,故③错误.

当$S_1=S_2$时,由$S_2+S_4=S_1+S_3$可得$S_4=S_3$,即$S_1+S_4=S_2+S_3=\dfrac{1}{2}S_{矩形ABCD}=S_{\triangle ABD}=S_{\triangle BCD}$,

∴B,P,D三点在同一直线上,故④正确.

综上所述,正确结论的序号是②④.

【反思明理】在矩形中,以下三个图形中:图1中的点P是矩形的边AD上的一点,图2中的点P是矩形内部任意一点,图3中的直线EF经过矩形的对角线交点O与矩形的两对边相交,阴影部分的面积和空白部分的面积都相等,都等于矩形面积的一半.

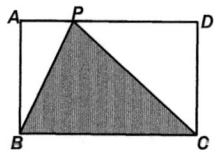

图1

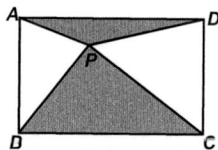

图2

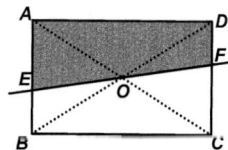

图3

案例6 如图,菱形$ABCD$的对角线AC,BD相交于点O,过点A作$AH\perp BC$于点H,连接OH. 若$OB=4,S_{菱形ABCD}=24$,则OH的长为＿＿＿＿＿＿＿.

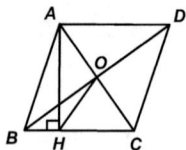

【考点涉及】菱形的面积,直角三角形斜边的中线等于斜边的一半.

【错解呈现】∵四边形$ABCD$是菱形,

∴$OA=OC,BD=2OB=2×4=8,S_{菱形ABCD}=AC\cdot BD$,

∴$AC\cdot 8=24$,得$AC=3$,

∵$AH\perp BC$,

∴$\triangle AHC$是直角三角形,

∴$OH=\dfrac{1}{2}AC=\dfrac{1}{2}×3=\dfrac{3}{2}$.

【错点查找】(请仔细阅读上面的"错解呈现",并将其中错误之处勾画出来)

菱形的面积等于对角线乘积的一半,不是等于对角线乘积.

【出错归因】四基性失误:菱形的面积计算方法出现错误.

【正解参考】∵四边形$ABCD$是菱形,

∴$OA=OC,BD=2OB=2×4=8,S_{菱形ABCD}=\dfrac{1}{2}AC\cdot BD$,

∴$\dfrac{1}{2}AC\cdot 8=24$,得$AC=6$,

∵$AH\perp BC$,

∴$\triangle AHC$是直角三角形,

∴$OH=\dfrac{1}{2}AC=\dfrac{1}{2}×6=3$.

【反思明理】菱形的面积可以按照平行四边形的面积来计算,也可以用对角线乘积的一半来计算.不只是菱形的面积等于对角线乘积的一半,只要是对角线互相垂直的四边形的面积都等于对角线乘积的一半.

易错点四 不能灵活应用直角三角形斜边的中线等于斜边的一半而出错

案例7 已知正方形 $ABCD$ 的边长为5,点 E,F 分别在 AD,DC 上,$AE=DF$ $=2$,BE 与 AF 相交于点 G,点 H 为 BF 的中点,连接 GH,则 GH 的长为 _____.

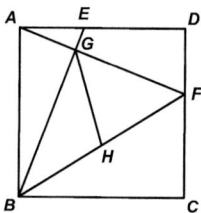

【考点涉及】正方形的性质,三角形全等,勾股定理,直角三角形斜边的中线等于斜边的一半.

【错解呈现】∵四边形 $ABCD$ 是正方形,

∴$\angle C=90°$,$BC=CD=5$,

又∵$AE=DF=2$,

∴$CF=5-2=3$.

在 Rt$\triangle BCF$ 中,由勾股定理得

$BF=\sqrt{BC^2+CF^2}=\sqrt{5^2+3^2}=\sqrt{34}$,

∵点 H 是 BF 的中点,

∴$GH=\dfrac{1}{2}BF=\dfrac{1}{2}\sqrt{34}$.

【错点查找】(请仔细阅读上面的"错解呈现",并将其中错误之处勾画出来)

定理"直角三角形斜边的中线等于斜边的一半"有两个条件:一是这个三角形是直角三角形,二是线段是斜边的中线. 本题计算过程中没有证明 $\triangle BGF$ 是直角三角形.

【出错归因】逻辑性失误:推理过程不严密.

【正解参考】∵四边形 $ABCD$ 是正方形,

∴∠BAD=∠D=∠C=90°,AB=AD=CD,

又∵AE=DF,

∴△ABE≌△DAF(SAS),

∴∠ABE=∠DAF,

∴∠ABE+∠BAF=∠DAG+∠BAF=90°,

∴∠BGF=90°,即△BGF是直角三角形,

∵点H是BF的中点,

∴GH=$\frac{1}{2}$BF.

在Rt△BCF中,由勾股定理得

BF=$\sqrt{BC^2 + CF^2}$ = $\sqrt{5^2 + (5-2)^2}$ = $\sqrt{34}$,

∴GH=$\frac{1}{2}$BF=$\frac{1}{2}\sqrt{34}$.

【反思明理】在直角三角形中,如果已知斜边的中点,那么我们经常连接斜边上的中线,进而利用直角三角形斜边的中线的性质进行计算或证明.这个定理可以用来证明线段的倍分、相等关系.它的逆命题"一边的中线等于这边的一半的三角形是直角三角形"也成立,可以作为判定直角三角形的一种方法.

易错点五 在求与特殊四边形有关的折叠、最值、多结论问题时出错

案例8 如图,在矩形ABCD中,AB=4,BC=2,把矩形ABCD沿过点A的直线AE折叠,使点D落在矩形ABCD内部的点D′处,则CD′的最小值是( )

A.2   B.$\sqrt{5}$ C.$2\sqrt{5}-2$ D.$2\sqrt{5}+2$

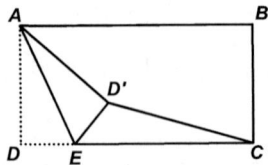

【考点涉及】矩形的性质,勾股定理,两点之间线段最短.

【错解呈现】B

【错点查找】(请仔细阅读上面的"错解呈现",并将其中错误之处勾画出来)

找不到问题的解决方法,猜想了一个答案.

【出错归因】心理性失误:不会分析和解决最值问题,看到相关问题思想上很排斥.

【正解参考】如图,连接AC.∵四边形ABCD是矩形,

∴AD=BC=2,∠B=90°,

在Rt△ABC中,由勾股定理得

$AC=\sqrt{AB^2+BC^2}=\sqrt{4^2+2^2}=2\sqrt{5}$,

由折叠可得AD'=AD=2,

在△ACD'中,CD'>AC-AD',

当点D'在AC上时,CD'=AC-AD',

∴CD'≥AC-AD',

即当D'在AC上时,CD'有最小值,最小值是$AC-AD'=2\sqrt{5}-2$.

故选C.

【反思明理】求最值问题有几种情况:一是二次函数问题;二是"将军饮马"问题,利用轴对称求最值;三是三角形的三边关系,当三点共线时会出现最值,等等.本题属于第三种情况.

案例9　矩形纸片ABCD中,已知AD=8,AB=6,E是边BC上的点,以AE为折痕折叠纸片,使点R落在点F处,连接FC.当△EFC为直角三角形时,BE的长为_____.

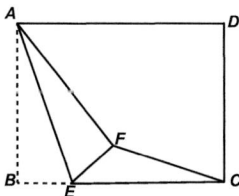

【考点涉及】矩形的性质,正方形的判定,勾股定理.

【错解呈现】答案是3,理由如下:

∵四边形$ABCD$是矩形,

∴$\angle B=90°$,$BC=AD=8$,

由折叠可得$\angle B=\angle AFE=90°$,

如图所示,当$\triangle EFC$为直角三角形,

且$\angle EFC=90°$时,

$\angle AFE+\angle EFC=180°$,

∴点A,F,C在同一条直线上.

在$\text{Rt}\triangle ABC$中,由勾股定理得

$AC=\sqrt{AB^2+BC^2}=\sqrt{6^2+8^2}=10$,

设$BE=x$,则$CE=BC-BE=8-x$,由折叠可得$AF=AB=6$,$EF=BE=x$,

∴$CF=AC-AF=10-6=4$,

在$\text{Rt}\triangle EFC$中,$EF^2+CF^2=CE^2$,即$x^2+4^2=(8-x)^2$,

解得$x=3$,故$BE=3$.

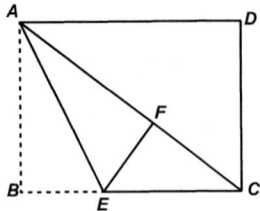

【错点查找】(请仔细阅读上面的"错解呈现",并将其中错误之处勾画出来)

当$\triangle EFC$为直角三角形时,有三种情况:$\angle EFC=90°$,$\angle FEC=90°$或$\angle ECF=90°$,而当点E在BC边上时,$\angle ECF\neq90°$,但另外两种情况都成立.

【出错归因】逻辑性失误:没有考虑到分类讨论的数学思想.

策略性错误:不能画出符合题意的规范图形.

【正解参考】分两种情况:

∵四边形$ABCD$是矩形,

∴$\angle B=90°$,$BC=AD=8$,

由折叠可得$\angle B=\angle AFE=90°$,

如图1所示,当$\triangle EFC$为直角三角形,且$\angle EFC=90°$时,

$\angle AFE+\angle EFC=180°$,

∴点A,F,C在同一条直线上.

在 Rt△ABC 中,由勾股定理得

$AC=\sqrt{AB^2+BC^2}=\sqrt{6^2+8^2}=10$,

设 $BE=x$,则 $CE=BC-BE=8-x$,由折叠可得 $AF=AB=6$,$EF=BE=x$,

∴$CF=AC-AF=10-6=4$,

在 Rt△EFC 中,$EF^2+CF^2=CE^2$,即 $x^2+4^2=(8-x)^2$,

解得 $x=3$,故 $BE=3$.

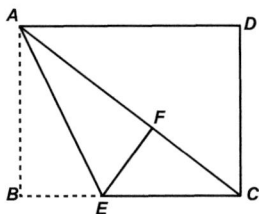 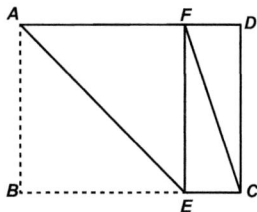

图1　　　　　　　　　图2

如图2所示,当∠$FEC=90°$时,∠$FEB=90°$,

∵四边形 $ABCD$ 是矩形,

∴∠B=∠BAD=∠$FEB=90°$,

∴四边形 $ABEF$ 是矩形,

由折叠可知,$AB=AF$,

∴四边形 $ABEF$ 是正方形,

∴$BE=AB=6$.

综上所述,BE 的长是 3 或 6.

【反思明理】此类问题,首先要认真读题,画出符合题意的所有可能的图形,然后再求解.

第三单元　圆

　　圆是常见的几何图形之一,不仅日常生活中有许多圆形物体,在工农业生产、交通运输、土木建筑等方面也可以看到圆的形象,圆的有关性质被广泛应用.圆也是平面几何中的基本图形之一,它不仅在几何中有重要的地位,而且是进一步学习数学以及其他学科的基础.圆的许多性质比较集中地反映了事物内部量变与质变、一般与特殊、矛盾与对立的统一等关系,其在初中阶段占有重要地位.

　　与圆有关的位置关系主要内容是点和圆的位置关系、直线和圆的位置关系、圆和圆的位置关系,他们的研究方法一脉相承,高度统一,都是从几何特征(公共点个数)和代数特征(圆心的距离和半径的关系)两个角度考虑;弧长和扇形面积是在小学学过的圆的周长和面积公式的基础上推导出来的,应用这些公式可以计算一些与圆有关的简单组合图形的周长和面积.由于圆锥的侧面展开图是扇形,所以圆锥的侧面积和全面积的计算,是圆的弧长和扇形面积的直接应用.

第1课　圆的有关概念和基本性质

★ 知识点——应知应懂 ★

(1)理解圆的概念.

(2)理解圆的相关概念(弧、弦、圆心角).

(3)掌握垂径定理及其推论.

(4)掌握圆周角定理及其推论.

(5)理解与圆有关的基本性质、最值问题及范围问题.

(6)理解圆内接四边形对角互补等.

(7)了解三角形的内心和外心.

★ 易错点——辨误明理 ★

(1)对与圆有关概念和基本性质理解出错.

(2)垂径定理及其推论运用不熟.

(3)不善于添加辅助线构造直角三角形.

(4)圆周角定理及其推论运用出错.

(5)与圆基本性质有关的最值问题及隐形圆问题容易出错.

(6)圆内接四边形问题容易出错.

★析案例——避误纠错★

易错点一 对与圆有关概念和基本性质理解出错

案例1 如图,菱形$ABOC$的边AB,AC分别与⊙O相切于点D,E.若点D是AB的中点,则∠DOE=_____.

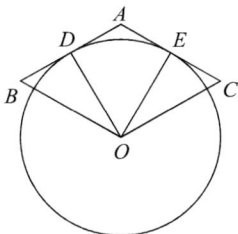

【考点涉及】本题考查了切线的性质、菱形的性质、解直角三角形的应用等,熟练掌握相关的性质是解题的关键.

【错解呈现】∵AB,AC分别与⊙O相切于点D,E,

∴∠BDO=∠ADO=∠AEO=90°,

∵四边形$ABOC$是菱形,

∴AB=BO,∠A+∠B=180°,

∴∠B=60°,

∴∠A=120°,

∴∠DOE=360°-120°-90°-90°=60°,

故答案为60°.

【错点查找】(仔细阅读上面的"错解呈现",并将其中错误之处勾画出来)

直接得出∠B=60°,没有对∠B=60°给出明确的说明.

【出错归因】四基性失误:学生失误主要在于数学能力结构的缺陷.中学生基本数学能力主要分为抽象思维能力、逻辑推理和判断能力、空间想象能力、数学建模能力、数学运算能力、数据处理和数值计算能力、数学语言符号表达能力.这道题中,学生主要存在逻辑推理和判断能力的失误,导致思路受阻,陷入解题困境.

逻辑性失误:思维不严谨,推理不严密.

【正解参考】∵AB,AC分别与⊙O相切于点D,E,

∴∠BDO=∠ADO=∠AEO=90°,

∵四边形ABOC是菱形,∴AB=BO,∠A+∠B=180°,

∴$BD=\frac{1}{2}AB$,

∴$BD=\frac{1}{2}OB$,

在Rt△OBD中,∠ODB=90°,$BD=\frac{1}{2}OB$,

∴$\cos\angle B=\frac{BD}{OB}=\frac{1}{2}$,∴∠B=60°,

∴∠A=120°,

∴∠DOE=360°-120°-90°-90°=60°.

故答案为60°.

【反思明理】由AB,AC分别与⊙O相切于点D,E,可得∠BDO=∠ADO=∠AEO=90°,根据已知条件可得到$BD=\frac{1}{2}OB$,在Rt△OBD中求得∠B=60°,继而可得∠A=120°,再利用四边形的内角和即可求得∠DOE的度数.

易错点二 垂径定理及其推论运用不熟

案例2 如图,⊙O为锐角△ABC的外接圆,半径为5.

(1)用尺规作图作出∠BAC的平分线,并标出它与劣弧BC的交点E(保留作图痕迹,不写作法);

(2)若(1)中的点E到弦BC的距离为3,求弦CE的长.

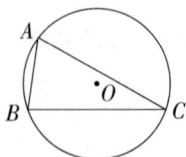

【考点涉及】本题考查了尺规作图——作角平分线,垂径定理等,熟练掌握角平分线的作图方法、推导得出$OE\perp BC$是解题的关键.

【错解呈现】

(1)如图所示,射线AE就是所求作的角平分线;

(2)连接OE交BC于点F,连接OC,CE.

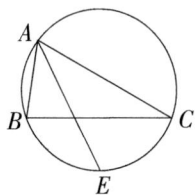

∵AE平分$\angle BAC$,

∴$BE=CE$,

∴$OE\perp BC$,$EF=3$,∴$OF=5-3=2$,

在$\mathrm{Rt}\triangle OFC$中,由勾股定理可得$FC=\sqrt{OC^2-OF^2}=\sqrt{21}$,

在$\mathrm{Rt}\triangle EFC$中,由勾股定理可得$CE=\sqrt{EF^2+FC^2}=\sqrt{30}$.

【错点查找】(仔细阅读上面的"错解呈现",并将其中错误之处勾画出来)

学生在尺规作图的过程中,只是随手做了角平分线,没有作图痕迹,企图蒙混过关.

【出错归因】四基性失误:认知结构缺陷.学生的数学基础差,对角平分线的尺规作图记忆不牢,理解不清.

【正解参考】

(1)如图所示,射线AE就是所求作的角平分线.

(2)连接OE交BC于点F,连接OC,CE.

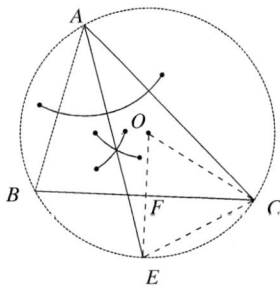

∵AE平分$\angle BAC$,

∴$\overset{\frown}{BE}-\overset{\frown}{CE}$,

∴$OE\perp BC$,$EF=3$,∴$OF=5-3=2$,

在$\mathrm{Rt}\triangle OFC$中,由勾股定理可得$FC=\sqrt{OC^2-OF^2}=\sqrt{21}$,

在$\mathrm{Rt}\triangle EFC$中,由勾股定理可得$CE=\sqrt{EF^2+FC^2}=\sqrt{30}$.

【反思明理】(1)以点A为圆心,以任意长为半径画弧,分别与AB,AC有交点,再分别以这两个交点为圆心,以大于这两点距离的一半为半径画弧,两弧交于一点,过点A与这点作射线,与圆交于点E,据此作图即可;(2)连接

OE 交 BC 于点 F,连接 OC,CE,由 AE 平分 $\angle BAC$,可推导得出 $OE \perp BC$,然后在 $Rt \triangle OFC$ 中,由勾股定理可求得 FC 的长,在 $Rt \triangle EFC$ 中,由勾股定理即可求得 CE 的长.

案例3 筒车是我国古代发明的一种水利灌溉工具.如图1,明朝科学家徐光启在《农政全书》中用图画描绘了筒车的工作原理.如图2,筒车盛水桶的运行轨迹是以轴心 O 为圆心的圆.已知圆心在水面上方,且圆被水面截得的弦 AB 长为6米,$\angle OAB = 41.3°$,若点 C 为运行轨道的最高点(C,O 的连线垂直于 AB),求点 C 到弦 AB 所在直线的距离.(参考数据:$\sin 41.3° \approx 0.66$,$\cos 41.3° \approx 0.75$,$\tan 41.3° \approx 0.88$)

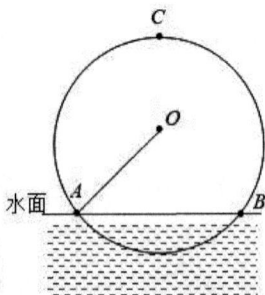

图1　　　　　　图2

【考点涉及】垂径定理,圆周角定理,解直角三角形的应用.

【错解呈现】如图3,连接 CO 并延长,与 AB 交于点 D.

$\because CD \perp AB$,$\therefore AD = BD = \dfrac{1}{2}AB = 3$(米).

在 $Rt \triangle AOD$ 中,$\angle OAB = 41.3°$,

$OA = 3 \cdot \cos 41.3° = 3 \times 0.75 = 2.25$(米),

$\therefore \tan 41.3° = \dfrac{OD}{AD}$,即 $OD = AD \cdot \tan 41.3° = 3 \times 0.88 = 2.64$(米),

则 $CD = CO + OD = 2.25 + 2.64 = 4.89$(米).

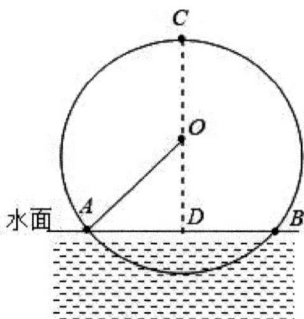

图3

【错点查找】(请仔细阅读上面的"错解呈现",并将其中错误之处勾画出来)

在 $OA=3\cdot\cos41.3°=3\times0.75=2.25$ 的计算中出错,应为 $OA=\dfrac{3}{\cos41.3°}=\dfrac{3}{0.75}=4$(米),没有理解三角函数的基本概念.

【出错归因】四基性失误:对三角函数的基本概念理解不清导致.

【正解参考】如图3,连接 CO 并延长,与 AB 交于点 D.

∵ $CD\perp AB$,

∴ $AD=BD=\dfrac{1}{2}AB=3$(米),

在 Rt△AOD 中,∠$OAB=41.3°$,

∴ $\cos41.3°=\dfrac{AD}{OA}$,即 $OA=\dfrac{3}{\cos41.3°}=\dfrac{3}{0.75}=4$(米),

$\tan41.3°=\dfrac{OD}{AD}$,即 $OD=AD\cdot\tan41.3°=3\times0.88=2.64$(米),

则 $CD=CO+OD=4+2.64=6.64$(米).

【反思明理】连接 CO 并延长,与 AB 交于点 D,由 CD 与 AB 垂直,利用垂径定理得到 D 为 AB 的中点,在直角三角形 AOD 中,利用锐角三角函数定义求出 OA,进而求出 OD,最后由 $CO+OD$ 求出 CD 的长即可.

案例4　如图,在平面直角坐标系中,Rt△ABC 的斜边 AB 在 y 轴上,边 AC 与 x 轴交于点 D,AE 平分∠BAC 交边 BC 于点 E,经过点 A,D,E 的圆的圆心 F 恰好在 y 轴上,⊙F 与 y 轴相交于另一点 G.

(1)求证:BC是$\odot F$的切线.

(2)若点A,D的坐标分别为$A(0,-1)$,$D(2,0)$,求$\odot F$的半径.

(3)试探究线段AG,AD,CD三者之间满足的等量关系,并证明你的结论.

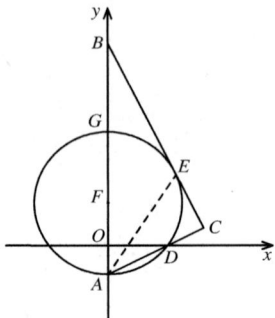

【考点涉及】圆的基本性质,等腰三角形的性质,切线的判定.

【错解呈现】(1)如图,连接EF.

∵AE平分$\angle BAC$,

∴$\angle FAE=\angle CAE$,

∵$FA=FE$,

∴$\angle FAE=\angle FEA$,

∴$\angle FEA=\angle EAC$,

∴$FE\parallel AC$,

∴$\angle FEB=\angle C=90^\circ$,即$BC$是$\odot F$的切线.

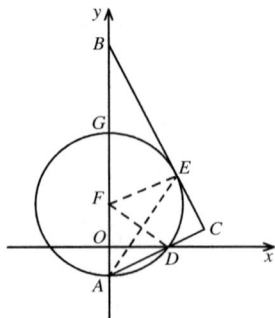

(2)连接FD.

设$\odot F$的半径为r,

则$r^2=(r-1)^2+2^2$,

解得$r=\dfrac{5}{2}$,即$\odot F$的半径为$\dfrac{5}{2}$.

(3)由圆的切割线定理知:$CA\cdot DC=EC^2$,因找不到EC和AG的关系,故无法进行.

【错点查找】(仔细阅读上面的"错解呈现",并将其中错误之处勾画出来)

没有充分利用到等腰△AFD的三线合一的性质,应该过点F作垂直.

【出错归因】四基性失误:能力结构缺陷,对等腰三角形的性质理解不透.平面几何及空间想象能力存在缺陷,导致思路受阻,陷入解题困境.

【正解参考】(1)如图,连接EF.

∵AE平分∠BAC,

∴∠FAE=∠CAE,

∵FA=FE,

∴∠FAE=∠FEA,

∴∠FEA=∠EAC,

∴FE∥AC,

∴∠FEB=∠C=90°,即BC是⊙F的切线.

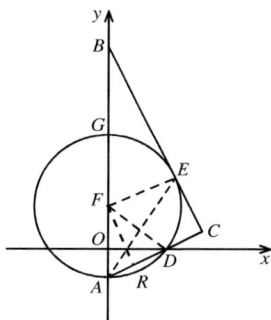

(2)连接FD.

设⊙F的半径为r,

在Rt△OFD中,则$r^2=(r-1)^2+2^2$,

解得$r=\dfrac{5}{2}$,即⊙F的半径为$\dfrac{5}{2}$.

(3)AG=AD+2CD.

证明:作FR⊥AD于点R,

则∠FRC=90°,又∠FEC=∠C=90°,

∴四边形RCEF是矩形,

∴EF=RC=RD+CD,

∵FR⊥AD,

∴AR=RD,

∴$EF=RD+CD=\dfrac{1}{2}AD+CD$,

∴AG=2EF=AD+2CD.

【反思明理】(1)连接EF,根据角平分线的定义、等腰三角形的性质得到∠FEA=∠EAC,得到FE∥AC,根据平行线的性质得到∠FEB=∠C=90°,证明结论;(2)连接 FD,设⊙ F 的半径为 r,根据勾股定理列出方程,解方程即可;(3)作 $FR \perp AD$ 于点 R,得到四边形 $RCEF$ 是矩形,得到 $EF=RC=RD+CD$,再根据垂径定理解答即可.

易错点三 不善于添加辅助线构造直角三角形

案例5 在⊙ O 中,直径 $AB=6$,BC 是弦,$\angle ABC=30°$,点 P 在 BC 上,点 Q 在⊙ O 上,且 $OP \perp PQ$.

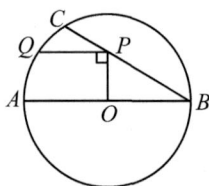 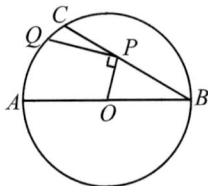

图1　　　　　　图2

(1)如图1,当 $PQ /\!/ AB$ 时,求 PQ 的长度;

(2)如图2,当点 P 在 BC 上移动时,求 PQ 长的最大值.

【考点涉及】圆周角定理,勾股定理,解直角三角形.

【错解呈现】(1)如图3,连接 OQ.

∵ $\angle ABC=30°$,

∴ $\angle PQO=\angle ABC=30°$.

又 $PQ /\!/ AB$,

∴四边形 $BOQP$ 是平行四边形,

又直径 $AB=6$,

∴ $OB=\dfrac{1}{2}AB=\dfrac{1}{2}×6=3$.

∴ $PQ=OB=3$.

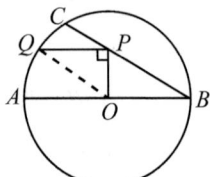

图3

(2)如图4,连接 OQ.

在 Rt△ POQ 中,由勾股定理可得

$$PQ=\sqrt{OQ^2-OP^2}=\sqrt{3^2-(\sqrt{3})^2}=\sqrt{6},$$

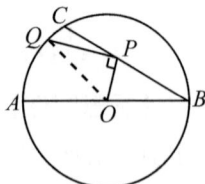

图4

$\therefore PQ$ 长的最大值为 $\sqrt{6}$.

【错点查找】(仔细阅读上面的"错解呈现",并将其中错误之处勾画出来)

第(1)小问主要错在平行四边形的判定,并不能由题干中条件直接得出 $\angle PQO=30°$;第(2)小问主要是过程省略太多,OP 的长度是个变数,需有严格的推导过程.

【出错归因】四基性失误:对平行四边形的判定法则掌握不准确.

心理性失误:习惯地认为一组对边平行,该四边形就是平行四边形.

【正解参考】

(1)连接 OQ,如图5.

∵ $PQ/\!/AB$,$OP\perp PQ$,

∴ $OP\perp AB$,

在 $\mathrm{Rt}\triangle OBP$ 中,∵ $\tan\angle B=\dfrac{OP}{OB}$,

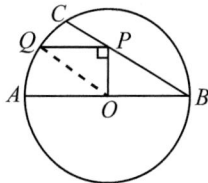

图5

∴ $OP=3\tan30°=\sqrt{3}$,

在 $\mathrm{Rt}\triangle OPQ$ 中,∵ $OP=\sqrt{3}$,$OQ=3$,

∴ $PQ=\sqrt{OQ^2-OP^2}=\sqrt{6}$;

(2)连接 OQ,如图6.

在 $\mathrm{Rt}\triangle OPQ$ 中,$PQ=\sqrt{OQ^2-OP^2}=\sqrt{9-OP^2}$.

当 OP 的长最小时,PQ 的长最大.

此时 $OP\perp BC$,OP 的长最小,则 $OP=\dfrac{1}{2}OB=\dfrac{3}{2}$,

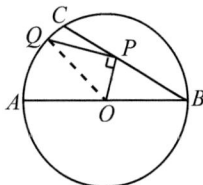

图6

∴ PQ 长的最大值为 $\sqrt{9-\left(\dfrac{3}{2}\right)^2}=\dfrac{3\sqrt{3}}{2}$.

【反思明理】本题考查了圆周角定理:在同圆或等圆中,同弧或等弧所对的圆周角相等,都等于这条弧所对的圆心角的一半.也考查了勾股定理和解直角三角形.

(1)连接 OQ,如图5,由 $PQ/\!/AB$,$OP\perp PQ$ 得到 $OP\perp AB$,在 $\mathrm{Rt}\triangle OBP$ 中,利

用正切定义可计算出 $OP=3\tan30°=\sqrt{3}$，然后在 $Rt\triangle OPQ$ 中利用勾股定理可计算出 $PQ=\sqrt{6}$；

(2)连接 OQ，如图6，在 $Rt\triangle OPQ$ 中，根据勾股定理得到 $PQ=\sqrt{9-OP^2}$，则当 OP 的长最小时，PQ 的长最大，根据垂线段最短得到 $OP\perp BC$，则 $OP=\dfrac{1}{2}OB=\dfrac{3}{2}$，所以 PQ 长的最大值为 $\dfrac{3\sqrt{3}}{2}$.

易错点四　圆周角定理及其推论运用出错

案例6　如图，在四边形 $ABCD$ 中，$AD=BC$，$\angle B=\angle D$，AD 不平行于 BC，过点 C 作 $CE//AD$ 交 $\triangle ABC$ 的外接圆 O 于点 E，连接 AE.

(1)求证：四边形 $AECD$ 为平行四边形；

(2)连接 CO，求证：CO 平分 $\angle BCE$.

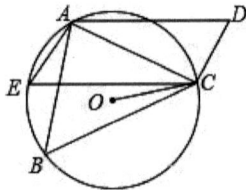

【考点涉及】本题考查的是三角形的外接圆与外心，掌握平行四边形的判定定理、垂径定理、圆周角定理是解题的关键.

【错解呈现】(1)由圆周角定理得，$\angle B=\angle E$，又 $\angle B=\angle D$，

∴ $\angle E=\angle D$，

∵ $CE//AD$，

∴ $\angle D+\angle ECD=180°$，

∴ $\angle E+\angle ECD=180°$，

∴ $AE//CD$，

∴ 四边形 $AECD$ 为平行四边形.

(2)如图，作 $OM\perp BC$ 于点 M，$ON\perp CE$ 于点 N.

∵ 四边形 $AECD$ 为平行四边形，

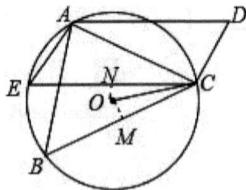

∴$AD=CE$,又$AD=BC$,

∴$CE=CB$,

∴$OM=ON$,

∴CO平分$\angle BCE$.

【错点查找】(仔细阅读上面的"错解呈现",并将其中错误之处勾画出来)

在证角平分线的过程中,没有说明$OM\perp BC$,$ON\perp CE$.

【出错归因】四基性失误:混淆概念性质,导致推理失误.学生在解题过程中对角平分线的判定定理理解不透,由于对概念、规律的内容认识不清或不能正确理解它们的确切含义而产生的一些错误.

【正解参考】(1)由圆周角定理得,$\angle B=\angle E$,又$\angle B=\angle D$,

∴$\angle E=\angle D$,

∴$CE/\!/AD$,

∴$\angle D+\angle ECD=180°$,

∴$\angle E+\angle ECD=180°$,

∴$AE/\!/CD$,

∴四边形$AECD$为平行四边形.

(2)如图,作$OM\perp BC$于点M,$ON\perp CE$于点N.

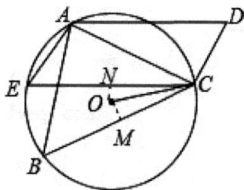

∵四边形$AECD$为平行四边形,

∴$AD=CE$,又$AD=BC$,

∴$CE=CB$,

根据垂径定理可知$CN=CM$,

又∵$\angle ONC=\angle OMC=90°$,$OC=OC$,

∴$\mathrm{Rt}\triangle COM\cong\triangle COM(\mathrm{HL})$,

∴$OM=ON$,又$OM\perp BC$,$ON\perp CE$,

∴CO平分$\angle BCE$.

【反思明理】(1)根据圆周角定理得到$\angle B=\angle E$,得到$\angle E=\angle D$,根据平行线的判定和性质定理得到$AE/\!/CD$,证明结论;

(2)作 $OM\perp BC$ 于点 M, $ON\perp CE$ 于点 N,根据垂径定理、角平分线的判定定理证明.

案例7 如图,在 $\odot O$ 中,半径 OC 与弦 AB 垂直,垂足为 E,以 OC 为直径的圆与弦 AB 的一个交点为 F,D 是 CF 延长线与 $\odot O$ 的交点.已知 $OE=4$,$OF=6$,求 $\odot O$ 的半径和 CD 的长.

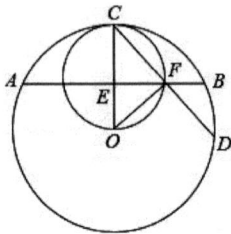

【考点涉及】垂径定理,勾股定理,圆周角定理,相似三角形的判定与性质.

【错解呈现】 $\because OE\perp AB$,

$\therefore \angle OEF=90°$,

$\because OC$ 为小圆的直径,

$\therefore \angle OFC=90°$,

而 $\angle EOF=\angle FOC$,

$\therefore \mathrm{Rt}\triangle OEF\backsim \mathrm{Rt}\triangle OFC$,

$\therefore OE:OF=OF:OC$,即 $4:6=6:OC$,

$\therefore \odot O$ 的半径 $OC=9$.

在 $\mathrm{Rt}\triangle OCF$ 中,$OF=6$,$OC=9$,

$\therefore CF=\sqrt{OC^2-OF^2}=3\sqrt{5}$,

$\therefore CD=2CF=6\sqrt{5}$.

【错点查找】(仔细阅读上面的"错解呈现",并将其中错误之处勾画出来)

解题中直接出现 $CD=2CF$,没有说明理由.

【出错归因】四基性失误:对垂径定理理解不够深入.

【正解参考】∵$OE\perp AB$,

∴∠$OEF=90°$,

∵OC为小圆的直径,

∴∠$OFC=90°$,

而∠EOF=∠FOC,

∴Rt△OEF∽Rt△OFC,

∴$OE:OF=OF:OC$,即$4:6=6:OC$,

∴⊙O的半径$OC=9$.

在Rt△OCF中,$OF=6$,$OC=9$,

∴$CF=\sqrt{OC^2-OF^2}=3\sqrt{5}$,

∵$OF\perp CD$,

∴$CF=DF$,

∴$CD=2CF=6\sqrt{5}$.

【反思明理】本题考查了垂径定理:垂直于弦的直径平分这条弦,并且平分弦所对的两条弧;也考查了勾股定理、圆周角定理和相似三角形的判定与性质.

易错点五　**与圆基本性质有关的最值问题及隐形圆问题容易出错**

案例8　如图,点A是直线$y=-x$上的动点,点B是x轴上的动点,若$AB=2$,则△AOB面积的最大值为(　　)

A.2　　　　　B.$\sqrt{2}+1$　　　　　C.$\sqrt{2}-1$　　　　　D.$2\sqrt{2}$

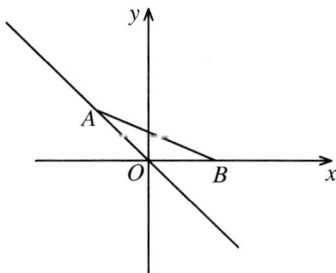

【考点涉及】本题考查点与圆位置关系、隐形圆问题、线段最短问题等，解题的关键是确定圆的位置.

【错解呈现】

如图,作△AOB的外接圆⊙Q,连接AQ,BQ,OQ,OQ与AB交于点H.

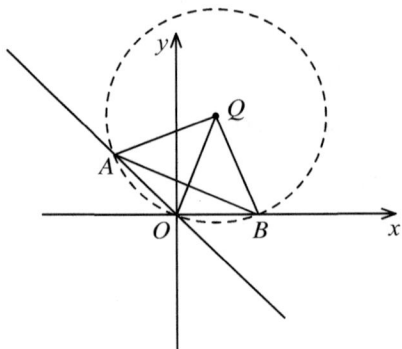

∵∠AOB = 135°,且∠AOB是圆周角,

∴∠AQB = 90°,即△QAB是等腰直角三角形,

当OQ⊥AB时,△OAB的高OH最大,即其面积最大,

∴$S = \frac{1}{2}AB \cdot OH = \frac{1}{2} \times 2 \times (\sqrt{2} - 1) = (\sqrt{2} - 1)$.

故选C.

【错点查找】(仔细阅读上面的"错解呈现",并将其中错误之处勾画出来)

题目没有告诉A,B在哪里,不能判定∠AOB = 135°,而且很多地方直接省略了步骤.

【出错归因】四基性失误:对圆位置关系、圆周角定理、最短问题等知识理解不透.

【正解参考】

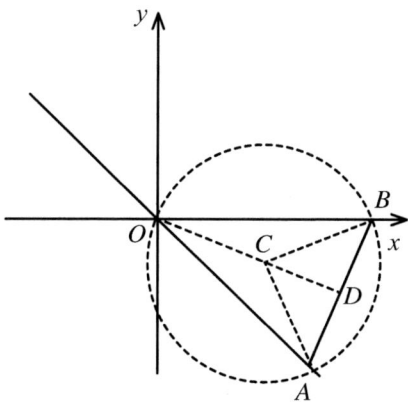

如图所示,作△AOB的外接圆⊙C,连接CB,CA,CO,过点C作$CD\perp AB$于点D,则$CA=CB$.

由"点A是直线$y=-x$上一点"可知∠$AOB=45°$,

∴∠$ACB=90°$,

∴$CD=\dfrac{1}{2}AB=1$,$AC=BC=OC=\sqrt{2}$,

连接OD,则$OD \leqslant OC+CD$,

∴当O,C,D在同一直线上,OD的最大值为$OC+CD=\sqrt{2}+1$,

此时$OD\perp AB$,

∴△AOB面积的最大值为$\dfrac{1}{2}AB \cdot OD=\dfrac{1}{2}\times 2\times(\sqrt{2}+1)=\sqrt{2}+1$,

当点A在第二象限内,点B在x轴负半轴上时,

同理可得,△AOB面积的最大值为$\sqrt{2}+1$.

故选B.

【反思明理】这是一类高频率的考题,明明图形中没有出现"圆",但是解题中必须要用到"圆"的知识点,像这样的问题我们称为"隐圆模型"(如下图).而这是隐性圆中典型的"定弦定角"问题.由于同圆中同弦所对的圆周角一样,那么对于固定线段AB及线段所对的角∠C大小固定,根据圆的知识可知C点并不是唯一固定的点,C点在⊙O的优弧ACB上均可(至于是优弧还是劣弧取决于∠C的大小,小于90°,则C在优弧上运动;等于90°,则C在半圆

上运动;大于$90°$,则C在劣弧上运动).本题中可以找到"定弦"是线段AB,而"定角"则恰恰需要分类讨论,可以为$\angle AOB=135°$或者$\angle AOB=45°$,如果没有讨论全面则容易出错.

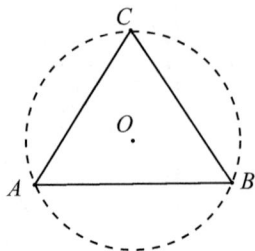

案例9 如图,Rt$\triangle ABC$中,$AB \perp BC$,$AB=6$,$BC=4$,P是$\triangle ABC$内部的一个动点,且满足$\angle PAB=\angle PBC$,则线段CP长的最小值为(   )

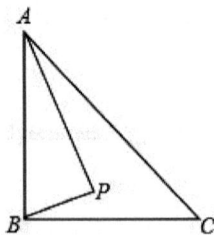

A.$\dfrac{3}{2}$ B.2   C.$\dfrac{8\sqrt{13}}{13}$ D.$\dfrac{12\sqrt{13}}{13}$

【考点涉及】本题考查点与圆位置关系、圆周角定理、最短问题等知识,解题的关键是确定点P的位置,学会求圆外一点到圆的最小、最大距离,属于中考常考题型.

【错解呈现】选C

【错点查找】(仔细阅读上面的"错解呈现",并将其中错误之处勾画出来)

没有想到通过构建辅助圆来解题,找不到使CP长最小的依据.

【出错归因】四基性失误:对圆位置关系、圆周角定理、最短问题等知识理解不透.

【正解参考】

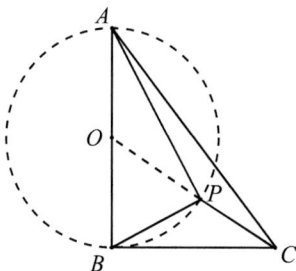

∵∠ABC=90°,

∴∠ABP+∠PBC=90°,

∵∠PAB=∠PBC,

∴∠BAP+∠ABP=90°,

∴∠APB=90°,

∴点P在以AB为直径的⊙O上,连接OC交⊙O于点P,此时PC最小,如图.

在Rt△BCO中,∠OBC=90°,BC=4,OB=3,

∴OC=$\sqrt{BO^2+BC^2}$=5,

∴PC=OC-OP=5-3=2.

∴PC的最小值为2.

故选B.

【反思明理】首先证明点P在以AB为直径的⊙O上,连接OC与⊙O交于点P,此时PC最小,利用勾股定理求出OC即可解决问题.本题考查点与圆位置关系、圆周角定理、最短问题等知识,解题的关键是确定点P的位置,学会求圆外一点到圆的最小、最大距离,属于中考常考题型.

易错点六　圆内接四边形问题容易出错

案例10 如图,四边形ABCD是⊙O的内接正方形,AB=4,PC,PD是⊙O的两条切线,C,D为切点.

(1)如图1,求⊙O的半径;

(2)如图1,若点E是BC的中点,连接PE,求PE的长度;

(3)如图2,若点M是BC边上任意一点(不含B,C),以点M为直角顶点,在BC的上方作∠AMN=90°,交直线CP于点N,求证:AM=MN.

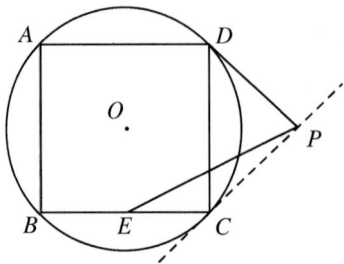
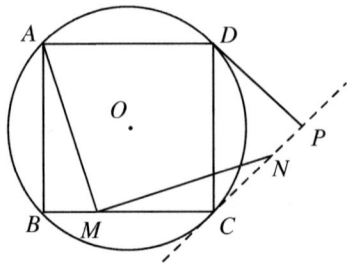

图1　　　　　　　　　　　　图2

【考点涉及】此题主要考查了圆的综合以及全等三角形的判定与性质,正方形的判定与性质等知识,正确作出辅助线得出∠MCN=135°是解题的关键.

【错解呈现】(1)如图,连接OD,OC.

∵PC,PD是⊙O的两条切线,C,D为切点,

∴∠ODP=∠OCP=90°,

∵四边形ABCD是⊙O的内接正方形,

∴∠DOC=90°,OD=OC,

∴四边形DOCP是正方形,

∵AB=4,∠ODC=∠OCD=45°,

∴$DO=CO=DC\cdot\sin45°=\dfrac{\sqrt{2}}{2}\times4=2\sqrt{2}$.

(2)如图3,连接EO,OP.

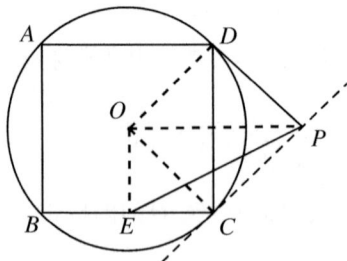

图3

∵点E是BC的中点,

∴$OE \perp BC$,$\angle OCE=45°$,

∴$\angle EOP=90°$,

∴$EO=EC=2$,$OP=\sqrt{2}CO=4$,

∴$PE=\sqrt{OE^2+OP^2}=2\sqrt{5}$.

(3)如图4,过点P,作$PF \perp BC$,使$EF=AB$.

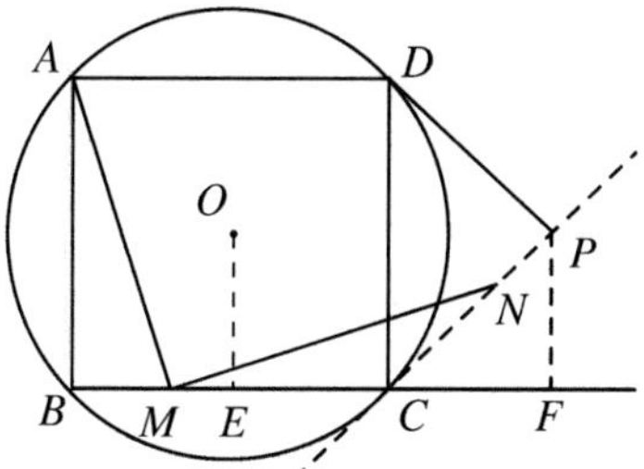

图4

∵$\angle AMN=90°$,

∴$\angle AMF+\angle NMC=45°$,$\angle FAM+\angle AMF=45°$,

∴$\angle FMN=\angle BAM$,

∵$AB=MF$,$\angle ABM=\angle F=90°$,

∴$\triangle ABM \cong \triangle MFN$(ASA),

∴$AM=MN$.

【错点查找】(仔细阅读上面的"错解呈现",并将其中错误之处勾画出来)

过点P,作$PF \perp BC$并不能使$EF=AB$,这里犯了逻辑性的错误.

【出错归因】四基性失误:对三角形的全等的概念和应用理解不清.

【正解参考】(1)如图5,连接OD,OC.

∵PC,PD是⊙O的两条切线,C,D为切点,

∴$\angle ODP=\angle OCP=90°$,

∵四边形$ABCD$是⊙O的内接正方形,

∴$\angle DOC=90°$,$OD=OC$,

∴四边形$DOCP$是正方形,

∵$AB=4,\angle ODC=\angle OCD=45°$,

∴$DO=CO=DC\cdot\sin45°=\dfrac{\sqrt{2}}{2}\times4=2\sqrt{2}$.

(2)如图5,连接EO,OP.

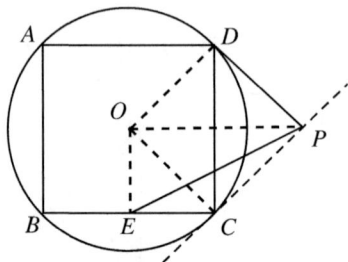

图5

∵点E是BC的中点,

∴$OE\perp BC,\angle OCE=45°$,

∴$\angle EOP=90°$,

∴$EO=EC=2,OP=\sqrt{2}CO=4$,

∴$PE=\sqrt{OE^2+OP^2}=2\sqrt{5}$.

(3)如图6,在AB上截取$BF=BM$.

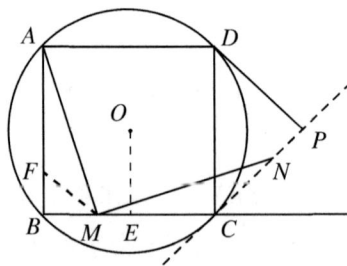

图6

∵$AB=BC,BF=BM$,

∴$AF=MC,\angle BFM=\angle BMF=45°$,

∵$\angle AMN=90°$,

∴$\angle AMF+\angle NMC=45°,\angle FAM+\angle AMF=45°$,

∴∠FAM=∠NMC,

由(1)得PD=PC,∠DPC=90°,

∴∠DCP=45°,

∴∠MCN=135°,

∴∠AFM=180°−∠BFM=135°.

在△AFM和△CMN中,

$$\begin{cases} \angle FAM = \angle CMN, \\ AF = MC, \\ \angle AFM = \angle MCN, \end{cases}$$

∴△AFM≌△CMN(ASA),

∴AM=MN.

【反思明理】第(1)题利用切线的性质以及正方形的判定与性质得出⊙O的半径即可;

第(2)题利用垂径定理得出OE⊥BC,∠OCE=45°,进而利用勾股定理得出即可;

第(3)题在AB上截取BF=BM,利用(1)中所求,得出∠ECP=135°,再利用全等三角形的判定与性质得出即可.

第2课　与圆有关的位置关系

★ 知识点——应知应懂 ★

(1)了解直线和圆的位置关系.

(2)掌握切线的概念.

(3)掌握切线与过切点半径之间的关系.

(4)理解过圆上一点画圆的切线.

(5)了解点与圆的位置关系.

★ 易错点——辨误明理 ★

(1)切线的性质及证明混淆不清.

(2)三角形的外接圆与内切圆有关问题出错.

★ 析案例——避误纠错 ★

易错点一 切线的性质及证明混淆不清

案例1　已知：如图，MN为$\odot O$的直径，ME是$\odot O$的弦，MD垂直于过点E的直线DE，垂足为点D，且ME平分$\angle DMN$.

求证：(1)DE是$\odot O$的切线；

(2)$ME^2=MD\cdot MN$.

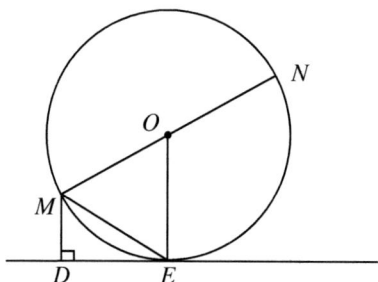

【考点涉及】相似三角形的判定与性质,切线的判定与性质.

【错解呈现】(1)∵ME平分∠DMN,

∴∠OME=∠DME,

∵OM=OE,

∴∠OME=∠OEM,

∴∠DME=∠OEM,

∴OE∥DM,

∵DM⊥DE,

∴OE⊥DE,

∴DE是⊙O的切线.

(2)连接EN.

∵DM⊥DE,MN为⊙O的直径,

∴∠MDE=∠MEN=90°,

∴$\dfrac{ME}{MD} = \dfrac{MN}{ME}$,

∴$ME^2=MD\cdot MN$.

【错点查找】(仔细阅读上面的"错解呈现",并将其中错误之处勾画出来)

(1)中没有写出"OE过点O",直接得出"DE是⊙O的切线",对切线的定义理解不到位;(2)中没有写出由△MDE∽△MEN得到$\dfrac{ME}{MD} = \dfrac{MN}{ME}$,省略了解题步骤.

【出错归因】逻辑性失误:思维不严谨,推理不严密.

【正解参考】(1)∵ME平分∠DMN,

∴∠OME=∠DME,

∵OM=OE,

∴∠OME=∠OEM,

∴∠DME=∠OEM,

∴OE//DM,

∵DM⊥DE,

∴OE⊥DE,

又∵OE过点O,

∴DE是⊙O的切线.

(2)连接EN,如图.

∵DM⊥DE,MN为⊙O的直径,

∴∠MDE=∠MEN=90°,

又∵∠NME=∠DME,

∴△MDE∽△MEN,

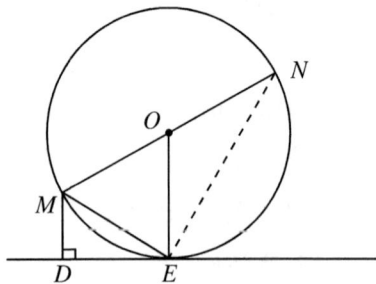

∴$\dfrac{ME}{MD}=\dfrac{MN}{ME}$,

∴$ME^2=MD\cdot MN$.

【反思明理】(1)先求出OE//DM,再求出OE⊥DE,根据切线的判定即可得出;

(2)连接EN,先求出∠MDE=∠MEN,再求出△MDE∽△MEN,根据相似三角形的判定即可得出.

易错点二 三角形的外接圆与内切圆有关问题出错

案例2 如图,点P是等边三角形ABC外接圆⊙O上的点,在以下判断中,不正确的是( )

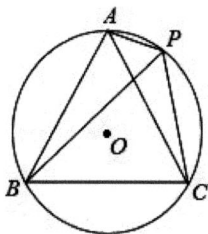

A. 当弦 PB 最长时, $\triangle APC$ 是等腰三角形

B. 当 $\triangle APC$ 是等腰三角形时, $PO \perp AC$

C. 当 $PO \perp AC$ 时, $\angle ACP = 30°$

D. 当 $\angle ACP = 30°$ 时, $\triangle BPC$ 是直角三角形

【考点涉及】三角形的外接圆与外心,等边三角形的性质,垂径定理,圆周角定理.

【错解呈现】D

【错点查找】(仔细阅读上面的"错解呈现",并将其中错误之处勾画出来)

在解题过程中出现了由于对概念、规律的内容认识不清或不能正确理解它们的确切含义而产生的一些错误.

【出错归因】四基性失误:混淆概念性质,导致推理失误.

【正解参考】A 项,如图 1,当弦 PB 最长时, PB 为 $\odot O$ 的直径,则 $\angle BAP = 90°$.

∵ $\triangle ABC$ 是等边三角形,

∴ $\angle BAC = \angle ABC = 60°$, $AB = BC = CA$,

∵ 点 P 是等边三角形 ABC 外接圆 $\odot O$ 上的点,

∴ $BP \perp AC$,

∴ $\angle ABP = \angle CBP = \dfrac{1}{2}\angle ABC = 30°$,

∴ $AP = CP$,

∴ $\triangle APC$ 是等腰三角形,

故本选项正确,不符合题意.

B项,当△APC是等腰三角形时,分三种情况:

①如果PA=PC,那么点P在AC的垂直平分线上,则点P或者在图1中的位置,或者与点B重合(如图2),所以PO⊥AC,正确;

②如果AP=AC,那么点P与点B重合,所以PO⊥AC,正确;

③如果CP=CA,那么点P与点B重合,所以PO⊥AC,正确.

故本选项正确,不符合题意.

C项,当PO⊥AC时,PO平分AC,则PO是AC的垂直平分线,点P或者在图1中的位置,或者与点B重合.

如果点P在图1中的位置,则∠ACP=30°;

如果点P与点B重合,则∠ACP=60°.

故本选项错误,符合题意.

D项,当∠ACP=30°时,点P或者在P_1的位置,或者在P_2的位置,如图3.

如果点P在P_1的位置,则∠BCP_1=∠BCA+∠ACP_1=60°+30°=90°,△BP_1C是直角三角形;

如果点P在P_2的位置,∵∠ACP_2=30°,∴∠ABP_2=∠ACP_2=30°,

∴∠CBP_2=∠ABC+∠ABP_2=60°+30°=90°,△BP_2C是直角三角形.

故本选项正确,不符合题意.

故选C.

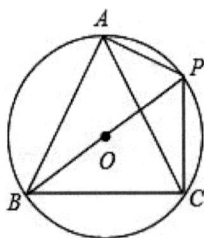 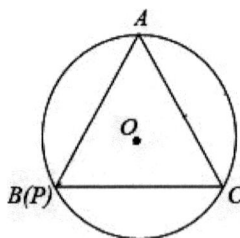 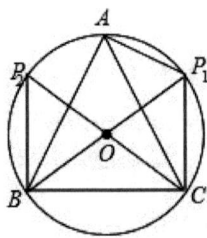

图1   图2   图3

【反思明理】根据直径是圆中最长的弦,可知当弦PB最长时,PB为⊙O的直径,由圆周角定理得出∠BAP=90°,再根据等边三角形的性质及圆周角定理得出AP=CP,则△APC是等腰三角形,判断A项正确;

当△APC是等腰三角形时,分三种情况:①PA=PC;②AP=AC;③CP=CA.确定点P的位置后,根据等边三角形的性质即可得出PO⊥AC,判断B项正确;

当PO⊥AC时,由垂径定理得出PO是AC的垂直平分线,点P或者在图1中的位置,或者与点B重合.如果点P在图1中的位置,∠ACP=30°;如果点P与点B重合,∠ACP=60°.判断C项错误;

当∠ACP=30°时,点P或者在P_1的位置,或者在P_2的位置.如果点P在P_1的位置,易求∠BCP_1=90°,△BP_1C是直角三角形;如果点P在P_2的位置,易求∠CBP_2=90°,△BP_2C是直角三角形.判断D项正确.

案例3 如图,已知等腰直角三角形ABC,点P是斜边BC上一点(不与B,C重合),PE是△ABP的外接圆⊙O的直径.

(1)求证:△APE是等腰直角三角形;

(2)若⊙O的直径为2,求PC^2+PB^2的值.

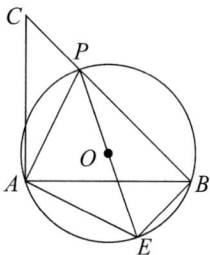

【考点涉及】三角形的外接圆与外心,等腰直角三角形.

【错解呈现】

(1)∵AB=AC,∠BAC=90°,

∴∠C=∠ABC=45°,

∴∠AEP=∠ABP=45°,

∵PE是直径,

∴∠PAB=90°,

∴∠APE=∠AEP=45°,

∴AP=AE,

∴△PAE是等腰直角三角形.

(2)作PM⊥AC于点M,PN⊥AB于点N.

∵△PCM,△PNB都是等腰直角三角形,

∴$PC=\sqrt{2}PM,PB=\sqrt{2}PN$,

∴$PC^2+PB^2=2^2=4$.

【错点查找】(仔细阅读上面的"错解呈现",并将其中错误之处勾画出来)

第(1)题中直径所对圆周角书写错误;第(2)题解答过程没有写出△PCM,△PNB都是等腰直角三角形的原因.

【出错归因】四基性失误:能力结构缺陷,抽象思维能力、逻辑推理和判断能力较弱.

【正解参考】(1)∵$AB=AC$,$\angle BAC=90°$,

∴$\angle C=\angle ABC=45°$,

∴$\angle AEP=\angle ABP=45°$,

∵PE是直径,

∴$\angle PAE=90°$,

∴$\angle APE=\angle AEP=45°$,

∴$AP=AE$,

∴△PAE是等腰直角三角形.

(2)如图,作PM⊥AC于点M,PN⊥AB于点N,则四边形PMAN是矩形,

∴$PM=AN,PM//AB,PN//AC$,

∴△PCM,△PNB都是等腰直角三角形,

∴$PC=\sqrt{2}PM,PB=\sqrt{2}PN$,

∴$PC^2+PB^2=2(PM^2+PN^2)=2(AN^2+PN^2)=2PA^2=PE^2=2^2=4$.

【反思明理】

(1)只要证明$\angle AEP=\angle ABP=45°$,$\angle PAB=90°$,即可解决问题;

(2)作PM⊥AC于点M,PN⊥AB于点N,则四边形PMAN是矩形,可得PM

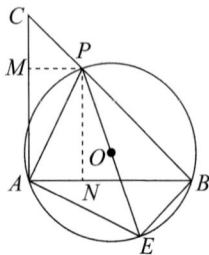

$=AN$，易知 $\triangle PCM$，$\triangle PNB$ 都是等腰直角三角形，可推出 $PC=\sqrt{2}PM$，$PB=\sqrt{2}PN$，再结合勾股定理，可得 $PC^2+PB^2=2(PM^2+PN^2)=2(AN^2+PN^2)=2PA^2=PE^2=2^2=4.$

第3课　与圆有关的计算

★ 知识点——应知应懂 ★

（1）理解弧长及扇形面积的计算.

（2）了解正多边形的概念.

（3）了解正多边形和圆的关系.

★ 易错点——辨误明理 ★

（1）弧长的计算出错.

（2）扇形的面积公式运用出错.

（3）与圆有关的综合问题容易出错.

★ 析案例——避误纠错 ★

易错点一　弧长的计算出错

案例1　如图，已知⊙O的半径为2，A为⊙O外一点，过点A作⊙O的一条切线AB，切点是B，AO的延长线交⊙O于点C. 若∠BAC=30°，则劣弧$\overset{\frown}{BC}$的长为_____.

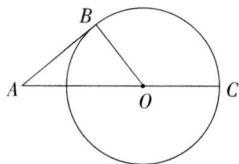

【考点涉及】圆心角,弧长公式等.

【错解呈现】∵AB是⊙O的切线,

∴AB⊥OB,

∴∠ABO=90°,

∵∠A=30°,

∴∠AOB=90°-∠A=60°,

∴$\widehat{BC}$的长为$\dfrac{60\pi\cdot 2}{180}=\dfrac{2}{3}\pi$,

故答案为$\dfrac{2}{3}\pi$.

【错点查找】(仔细阅读上面的"错解呈现",并将其中错误之处勾画出来)

$\widehat{BC}$的圆心角计算错误,$\widehat{BC}$的圆心角应是∠BOC=120°.

【出错归因】四基性失误:数学运算能力、数据处理和数值计算能力存在缺陷,导致答案出错.

【正解参考】∵AB是⊙O的切线,

∴AB⊥OB,

∴∠ABO=90°,

∵∠A=30°,

∴∠AOB=90°-∠A=60°,

∴∠BOC=120°,

∴$\widehat{BC}$的长为$\dfrac{120\pi\cdot 2}{180}=\dfrac{4}{3}\pi$.

故答案为$\dfrac{4}{3}\pi$.

【反思明理】本题考查切线的性质、弧长公式、直角三角形两锐角互余等知识,解题的关键是记住弧长公式、求出圆心角,属于中考常考题型.

易错点二 **扇形的面积公式运用出错**

案例2 如图,在 Rt△ABC 中,∠C=90°,AC=BC,点 O 在 AB 上,经过点 A 的⊙O 与 BC 相切于点 D,交 AB 于点 E.

(1)求证:AD 平分∠BAC;

(2)若 CD=1,求图中阴影部分的面积(结果保留 π).

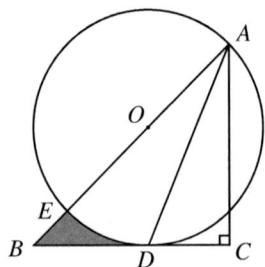

【考点涉及】切线的性质,角平分线的性质,等腰直角三角形,扇形面积的计算.

【错解呈现】

(1)如图,连接 DE,OD.

∵BC 相切⊙O 于点 D,

∴∠CDA=∠AED,

∵AE 为直径,

∴∠ADE=90°,

∵AC⊥BC,

∴∠ACD=90°,

∴∠DAO=∠CAD,

∴AD 平分∠BAC.

(2)在 Rt△ABC 中,∠C=90°,AC=BC,

∴∠B=∠BAC.=45°,

∵BC 相切⊙O 于点 D,

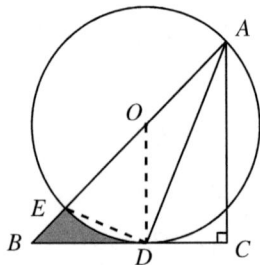

$\therefore \angle ODB=90°$,

$\therefore OD=BD$，$\therefore \angle BOD=45°$,

设 $BD=x$，则 $OD=OA=x$，$OB=\sqrt{2}x$,

$\therefore BC=AC=x+1$,

$\because AC^2+BC^2=AB^2$,

$\therefore 2(x+1)^2=(\sqrt{2}x+x)^2$,

$\therefore x=\sqrt{2}$,

$\therefore BD=OD=\sqrt{2}$,

$\therefore$ 图中阴影部分的面积 $=S_{\triangle BOD}-S_{扇形DOE}=\sqrt{2}\times\sqrt{2}-\dfrac{45\cdot\pi\times(\sqrt{2})^2}{360}$

$$=2-\dfrac{\pi}{4}.$$

【错点查找】(仔细阅读上面的"错解呈现"，并将其中错误之处勾画出来)

第(1)题中角相等推导不够严谨;第(2)题中三角形面积漏乘 $\dfrac{1}{2}$，导致面积计算错误.

【出错归因】四基性失误:认知结构缺陷,推理不严谨,忽视公式条件,对定理公式记忆不牢、运用不熟.

【正解参考】(1)如图,连接 DE，OD.

$\because BC$ 相切 $\odot O$ 于点 D,

$\therefore \angle CDA=\angle AED$,

$\because AE$ 为直径,

$\therefore \angle ADE=90°$,

$\because AC\perp BC$,

$\therefore \angle ACD=90°$,

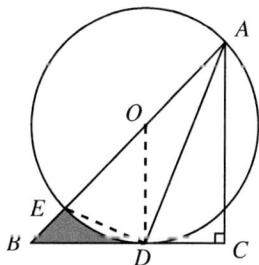

$\because \angle DAO=\angle ADE-\angle AED$，$\angle CAD=\angle ACD-\angle CDA$,

$\therefore \angle DAO=\angle CAD$,

∴ AD 平分 $\angle BAC$.

(2)在 $\mathrm{Rt}\triangle ABC$ 中,$\angle C=90°$,$AC=BC$,

∴ $\angle B=\angle BAC=45°$,

∵ BC 相切 $\odot O$ 于点 D,

∴ $\angle ODB=90°$,

∴ $OD=BD$,∴ $\angle BOD=45°$,

设 $BD=x$,则 $OD=OA=x$,$OB=\sqrt{2}x$,

∴ $BC=AC=x+1$,

∵ $AC^2+BC^2=AB^2$,

∴ $2(x+1)^2=(\sqrt{2}x+x)^2$,

∴ $x=\sqrt{2}$,

∴ $BD=OD=\sqrt{2}$,

∴ 图中阴影部分的面积 $=S_{\triangle BOD}-S_{扇形DOE}$

$$=\frac{1}{2}\times\sqrt{2}\times\sqrt{2}-\frac{45\cdot\pi\times(\sqrt{2})^2}{360}=1-\frac{\pi}{4}.$$

【反思明理】(1)连接 DE,OD.利用弦切角定理,直径所对的圆周角是直角,等角的余角相等,证明 $\angle DAO=\angle CAD$,进而得出结论;(2)根据等腰三角形的性质得到 $\angle B=\angle BAC=45°$,由 BC 相切 $\odot O$ 于点 D,得到 $\angle ODB=90°$,求得 $OD=BD$,$\angle BOD=45°$,设 $BD=x$,则 $OD=OA=x$,$OB=\sqrt{2}x$,根据勾股定理得到 $BD=OD=\sqrt{2}$,于是得到结论.

易错点三 与圆有关的综合问题容易出错

案例3 如图,在平面直角坐标系中,直线 $y=-\frac{3}{4}x+3$ 与 x 轴、y 轴分别交于 A,B 两点,点 P,Q 同时从点 A 出发,运动时间为 t 秒.其中点 P 沿射线 AB 运动,速度为每秒4个单位长度,点 Q 沿射线 AO 运动,速度为每秒5个单位长度.以点 Q 为圆心,PQ 长为半径作 $\odot Q$.

(1)求证:直线 AB 是 $\odot Q$ 的切线;

（2）过点 A 左侧 x 轴上的任意一点 $C(m,0)$，作直线 AB 的垂线 CM，垂足为 $M.$ 若 CM 与 $\odot Q$ 相切于点 D，求 m 与 t 的函数关系式（不需写出自变量的取值范围）；

（3）在（2）的条件下，是否存在点 C，使得直线 AB,CM,y 轴与 $\odot Q$ 同时相切？若存在，请直接写出此时点 C 的坐标；若不存在，请说明理由.

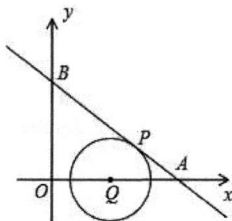
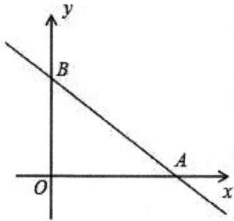

备用图

【考点涉及】一次函数综合题.

【错解呈现】（1）如图1中，连接 QP.

在 Rt$\triangle AOB$ 中，$OA=4$，$OB=3$，

$\therefore AB=\sqrt{OB^2+OA^2}=5$，

$\because AP=4t$，$AQ=5t$，

$\therefore \dfrac{AP}{AQ}=\dfrac{OA}{AB}=\dfrac{4}{5}$，

又 $\because \angle PAQ=\angle BAO$，

$\therefore \triangle PAQ \backsim \triangle BAO$，

$\therefore \angle APQ=\angle AOB=90^{\circ}$，

$\therefore QP\perp AB$，

$\therefore AB$ 是 $\odot O$ 的切线.

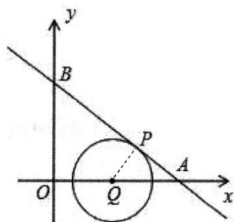

图1

（2）①如图2，当直线 CM 在 $\odot O$ 的左侧与 $\odot Q$ 相切时，

设切点为 D，则四边形 $PQDM$ 是正方形.

易知 $PQ=DQ=3t$，$CQ=\dfrac{5}{4}\cdot 3t=\dfrac{15t}{4}$，

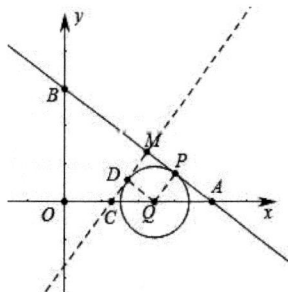

图2

$\because OC+CQ+AQ=4$,

$\therefore m+\dfrac{15}{4}t+5t=4$,

$\therefore m=4-\dfrac{35}{4}t.$

②如图3,当直线 CM 在 $\odot O$ 的右侧与 $\odot Q$ 相切时,设切点为 D,则四边形 $PQDM$ 是正方形.

$\because OC+AQ-CQ=4$,

$\therefore m+5t-\dfrac{15}{4}t=4$,

$\therefore m=4-\dfrac{5}{4}t.$

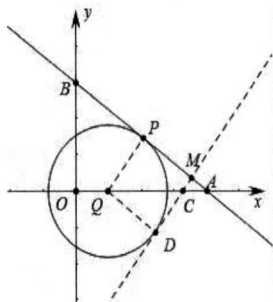

图3

(3)存在.理由如下:

如图4, $\odot Q$ 与 AB, CM, y 轴相切.

$3t+5t=4$, $t=\dfrac{1}{2}$,

由(2)可知, $m=-\dfrac{3}{8}$ 或 $\dfrac{27}{8}$.

综上所述,满足条件的点 C 的坐标为 $\left(-\dfrac{3}{8},0\right)$

或 $\left(\dfrac{27}{8},0\right)$.

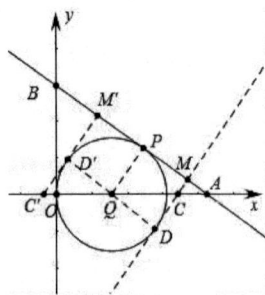

图4

【错点查找】(仔细阅读上面的"错解呈现",并将其中错误之处勾画出来)

解答过程多处省略步骤,容易出现计算错误.第(3)题中没有考虑当 $\odot Q$ 在 y 轴的左侧与 y 轴相切时的情况.

【出错归因】四基性失误:数学思想领悟不透,初中数学思想方法中分类讨论思想掌握不牢.

【正解参考】(1)如图5中,连接 QP.

在 Rt$\triangle AOB$ 中, $OA=4$, $OB=3$,

$\therefore AB=\sqrt{OB^2+OA^2}=5$,

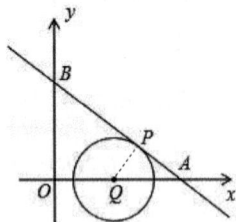

图5

$\because AP=4t, AQ=5t,$

$\therefore \dfrac{AP}{AQ}=\dfrac{OA}{AB}=\dfrac{4}{5},$

又 $\because \angle PAQ=\angle BAO,$

$\therefore \triangle PAQ \backsim \triangle BAO,$

$\therefore \angle APQ=\angle AOB=90^{\circ},$

$\therefore QP \perp AB,$

$\therefore AB$ 是 $\odot O$ 的切线.

(2)①如图6,当直线 CM 在 $\odot O$ 的左侧与 $\odot Q$ 相切时,

设切点为 D,则四边形 $PQDM$ 是正方形.

易知 $PQ=DQ=3t,$

由 $\triangle APQ \backsim \triangle QDC$ 知 $\dfrac{CQ}{DQ}=\dfrac{AQ}{AP}, CQ=\dfrac{5}{4}\cdot 3t=\dfrac{15t}{4},$

$\because OC+CQ+AQ=4,$

$\therefore m+\dfrac{15}{4}t+5t=4,$

$\therefore m=4-\dfrac{35}{4}t.$

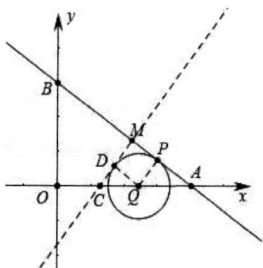
图6

②如图7,当直线 CM 在 $\odot O$ 的右侧与 $\odot Q$ 相切时,设切点为 D,则四边形 $PQDM$ 是正方形.

$\because OC+AQ-CQ=4,$

$\therefore m+5t-\dfrac{15}{4}t=4,$

$\therefore m=4-\dfrac{5}{4}t.$

(3)存在.理由如下:

如图8,当 $\odot Q$ 在 y 轴右侧与 y 轴相切时,

易知 $OQ+QA=OA$,即

$3t+5t=4$,解得 $t=\dfrac{1}{2},$

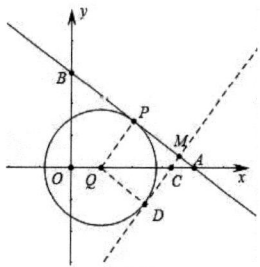
图7

由(2)可知,$m=-\dfrac{3}{8}$ 或 $\dfrac{27}{8}$.

如图9,当⊙Q在y轴左侧与y轴相切时,

易知$AQ-OQ=OA$,即

$5t-3t=4$,解得$t=2$,

由(2)可知,$m=-\dfrac{27}{2}$ 或 $\dfrac{3}{2}$.

综上所述,满足条件的点C的坐标为$(-\dfrac{3}{8},0)$,或$(\dfrac{27}{8},0)$,或$(-\dfrac{27}{2},0)$,或$(\dfrac{3}{2},0)$.

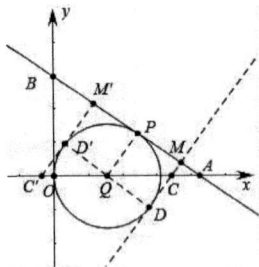 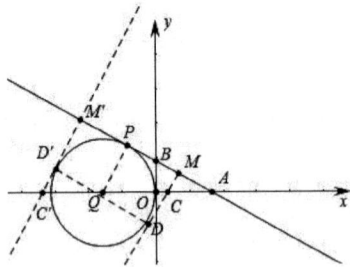

图8　　　　　　　　　图9

【反思明理】第(1)题只要证明△PAQ∽△BAO,即可推出∠$APQ=$∠$AOB=$90°,推出$QP\perp AB$,推出AB是⊙O的切线.

第(2)题分两种情形求解即可:①如图6中,当直线CM在⊙O的左侧与⊙Q相切时,设切点为D,则四边形$PQDM$是正方形;②如图7中,当直线CM在⊙O的右侧与⊙Q相切时,设切点为D,则四边形$PQDM$是正方形.找到等量关系,分别列出方程即可解决问题.

第(3)题分两种情形讨论,一共有四个点满足条件.

案例4　如图,在平面直角坐标系中,抛物线$y=ax^2-5ax+c$交x轴于点A,点A的坐标为$(4,0)$.

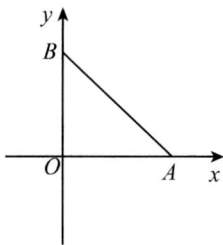

(1)用含a的代数式表示c.

(2)当$a=\dfrac{1}{2}$时,求x为何值时y取得最小值,并求出y的最小值.

(3)当$a=-\dfrac{1}{2}$时,求$0 \leqslant x \leqslant 6$时$y$的取值范围.

(4)已知点B的坐标为$(0,3)$,当抛物线的顶点落在$\triangle AOB$外接圆内部时,直接写出a的取值范围.

【考点涉及】二次函数和圆的综合性问题.

【错解呈现】(1)将$A(4,0)$代入$y=ax^2-5ax+c$,得$16a-20a+c=0$,

解得$c=4a$.

(2)当$a=\dfrac{1}{2}$时,$c=2$,

∴抛物线的解析式为$y=\dfrac{1}{2}x^2-\dfrac{5}{2}x+2=-\dfrac{1}{2}\left(x-\dfrac{5}{2}\right)^2-\dfrac{9}{8}$.

∵$a=\dfrac{1}{2}>0$,

∴当$x=\dfrac{5}{2}$时,y取得最小值,最小值为$-\dfrac{9}{8}$.

(3)当$a=-\dfrac{1}{2}$时,$c=-2$,

∴抛物线的解析式为$y=-\dfrac{1}{2}x^2+\dfrac{5}{2}x-2=-\dfrac{1}{2}\left(x-\dfrac{5}{2}\right)^2+\dfrac{9}{8}$.

∵$a=-\dfrac{1}{2}<0$,

∴当$x=\dfrac{5}{2}$时,y取得最大值,最大值为$\dfrac{9}{8}$.

当$x=0$时,$y=-2$;

当 $x=6$ 时，$y = -\dfrac{1}{2} \times 6^2 + \dfrac{5}{2} \times 6 - 2 = -5$.

$\therefore$ 当 $0 \leqslant x \leqslant 6$ 时，y 的取值范围是 $-5 \leqslant y \leqslant -2$.

（4）$\because$ 抛物线的解析式为 $y = ax^2 - 5ax + 4a = a(x - \dfrac{5}{2})^2 - \dfrac{9}{4}a$，

$\therefore$ 抛物线的对称轴为直线 $x = \dfrac{5}{2}$，顶点坐标为 $(\dfrac{5}{2}, -\dfrac{9}{4}a)$.

设线段 AB 的中点为 E，以 AB 为直径作圆，设抛物线对称轴与 $\odot E$ 交于点 C，D，过点 E 作 $EH \perp CD$ 于点 H，如图所示.

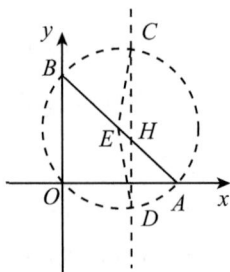

$\because$ 点 A 的坐标为 $(4, 0)$，点 B 的坐标为 $(0, 3)$，

$\therefore AB = 5$，点 E 的坐标为 $(2, \dfrac{3}{2})$，点 H 的坐标为 $(\dfrac{5}{2}, \dfrac{3}{2})$.

在 $\mathrm{Rt}\triangle CEH$ 中，$EC = \dfrac{1}{2}AB = \dfrac{5}{2}$，$EH = \dfrac{1}{2}$，

$\therefore CH = \sqrt{6}$，

$\therefore$ 点 C 的坐标为 $(\dfrac{5}{2}, \dfrac{3}{2} + \sqrt{6})$.

同理，点 D 的坐标为 $(\dfrac{5}{2}, \dfrac{3}{2} - \sqrt{6})$，

$\therefore \begin{cases} -\dfrac{9}{4}a > \dfrac{3}{2} - \sqrt{6}, \\ -\dfrac{9}{4}a < \dfrac{3}{2} + \sqrt{6}, \end{cases}$ 解得 $\dfrac{2}{3} - \dfrac{4\sqrt{6}}{9} < a < \dfrac{2}{3} + \dfrac{4\sqrt{6}}{9}$.

【寻错索因】（请仔细阅读上面的"错解呈现"，并将其中错误之处勾画出来）

第（2）题出错的原因是计算错误.

第(3)题出错的原因是判断取值范围时遗漏函数的最大值.

第(4)题出错的原因是没有考虑 $a \neq 0$ 的情况. 若 $a=0$, 则二次函数没有意义. 而且最后解不等式组出现计算错误.

【正解参考】(1)将 $A(4,0)$ 代入 $y=ax^2-5ax+c$, 得 $16a-20a+c=0$,

解得 $c=4a$.

(2)当 $a=\dfrac{1}{2}$ 时, $c=2$,

∴抛物线的解析式为 $y=\dfrac{1}{2}x^2-\dfrac{5}{2}x+2=\dfrac{1}{2}\left(x-\dfrac{5}{2}\right)^2-\dfrac{9}{8}$.

∵ $a=\dfrac{1}{2}>0$,

∴当 $x=\dfrac{5}{2}$ 时, y 取得最小值, 最小值为 $-\dfrac{9}{8}$.

(3)当 $a=-\dfrac{1}{2}$ 时, $c=-2$,

∴抛物线的解析式为 $y=-\dfrac{1}{2}x^2+\dfrac{5}{2}x-2=-\dfrac{1}{2}\left(x-\dfrac{5}{2}\right)^2+\dfrac{9}{8}$.

∵ $a=-\dfrac{1}{2}<0$,

∴当 $x=\dfrac{5}{2}$ 时, y 取得最大值, 最大值为 $\dfrac{9}{8}$.

当 $x=0$ 时, $y=-2$;

当 $x=6$ 时, $y=-\dfrac{1}{2}\times 6^2+\dfrac{5}{2}\times 6-2=-5$.

∴当 $0 \leqslant x \leqslant 6$ 时, y 的取值范围是 $-5 \leqslant y \leqslant \dfrac{9}{8}$.

(4)∵抛物线的解析式为 $y=ax^2-5ax+4a=a\left(x-\dfrac{5}{2}\right)^2-\dfrac{9}{4}a$,

∴抛物线的对称轴为直线 $x=\dfrac{5}{2}$, 顶点坐标为 $\left(\dfrac{5}{2}, -\dfrac{9}{4}a\right)$.

设线段 AB 的中点为 E, 以 AB 为直径作圆, 设抛物线对称轴与 $\odot E$ 交于点 C, D, 过点 E 作 $EH \perp CD$ 于点 H, 如图所示.

∵点 A 的坐标为 $(4,0)$, 点 B 的坐标 $(0,3)$,

$\therefore AB=5$，点 E 的坐标为 $(2, \frac{3}{2})$，点 H 的坐标为 $(\frac{5}{2}, \frac{3}{2})$.

在 $\mathrm{Rt}\triangle CEH$ 中，$EC=\frac{1}{2}AB=\frac{5}{2}$，$EH=\frac{1}{2}$，

$\therefore CH=\sqrt{6}$，

$\therefore$ 点 C 的坐标为 $(\frac{5}{2}, \frac{3}{2}+\sqrt{6})$.

同理，点 D 的坐标为 $(\frac{5}{2}, \frac{3}{2}-\sqrt{6})$，

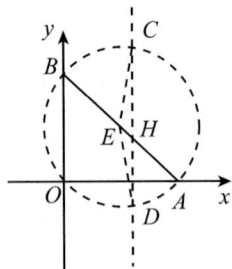

$\therefore \begin{cases} -\frac{9}{4}a > \frac{3}{2}-\sqrt{6}, \\ -\frac{9}{4}a < \frac{3}{2}+\sqrt{6}, \end{cases}$ 解得 $-\frac{2}{3}-\frac{4\sqrt{6}}{9} < a < -\frac{2}{3}+\frac{4\sqrt{6}}{9}$ 且 $a\neq0$.

【反思明理】(1)将点 A 的坐标代入抛物线解析式中，即可用含 a 的代数式表示出 c；

(2)当 $a=\frac{1}{2}$ 时可得出 c 的值，将其代入抛物线解析式中，配方后即可解决最值问题；

(3)当 $a=-\frac{1}{2}$ 时可得出 c 的值，将其代入抛物线解析式中，配方后可得出二次函数的最大值，再分别代入 $x=0$ 和 $x=6$ 求出 y 值，进而可得出当 $0\leqslant x\leqslant6$ 时 y 的取值范围；

(4)利用配方法找出抛物线的对称轴及顶点坐标，设线段 AB 的中点为 E，以 AB 为直径作圆，设抛物线对称轴与 $\odot E$ 交于点 C，D，过点 E 作 $EH\perp CD$ 于点 H，在 $\mathrm{Rt}\triangle CEH$ 中，利用勾股定理可求出 CH 的长，进而可得出点 C 的坐标，同理可得出点 D 的坐标，再结合顶点的纵坐标及二次项系数非零，即可求出 a 的取值范围.

第四单元　图形与变换

　　投影与视图的知识体系是建立在立体几何、画法几何等基础上的，本单元利用这些基础知识对投影和视图进行深入的分析．但是由于初中学生的知识储备的局限，初中阶段对投影和视图内容的学习不可能完全从理论角度深入进行，而应该借助直观模型的作用，重视结合实际例子讨论问题，做好由感性认识到理性认识的过渡，通俗易懂地介绍一些基本概念和基本原理．

　　平移、旋转和轴对称变换是最常见的全等变换，它们的研究方法是统一的．先利用图形前后变化研究几何变换的性质，再利用几何变换的性质画出变换后的图形，还可以运用多种几何变换设计丰富多彩的图案．理解平移、旋转、轴对称这三类基本的图形变换，最重要的是掌握这三类变换的基本特征，会用图形的变换认识、理解和表达现实世界中相应的现象，还要理解几何图形的对称性，感悟现实世界中的对称美，学会用数学的语言表达对称．

第1课　投影与视图

★ 知识点——应知应懂 ★

1. 图形的投影

(1)画基本几何体(直棱柱、圆柱、圆锥、球)的三视图.

(2)判断简单物体的三视图,根据三视图描述基本几何体或实物模型.

(3)直棱柱、圆锥的侧面展开图.

(4)中心投影与平行投影.

★ 易错点——辨误明理 ★

(1)不能正确分析由三视图确定组合体中小正方体的个数.

(2)不能灵活运用基础作图解决相关问题.

★ 析案例——避误纠错 ★

易错点一　不能正确分析由三视图确定组合体中小正方体的个数

案例1　由若干个相同的小正方体组合而成的一个几何体的三视图如图所示,则组成这个几何体的小正方体的个数是(　　)

A.4　　　　　　B.5　　　　　　C.6　　　　　　D.9

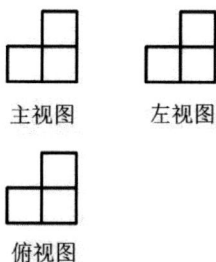

主视图　　左视图

俯视图

【考点涉及】几何体的三视图.

【错解呈现】从三个视图中,每个能看到3个,故有3×3=9(个),选D.

【错点查找】(仔细阅读上面的"错题呈现",并将其中错误之处勾画出来)

未能将平面的三视图转化为立体图形.

【出错归因】四基性失误:基本数学活动经验缺乏,平面图形与立体图形的关系掌握不清.

【正解参考】方法一:画出立体图形,如下:

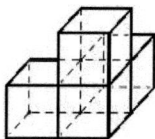

组成这个几何体的小正方体的个数为4个;

方法二:在俯视图中标出数字,表示小正方体的层数如下:

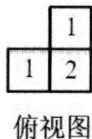

俯视图

故组成这个几何体的小正方体的个数为:1+1+2=4(个).答案选A.

【反思明理】本题主要考查三视图的知识,需要同学们掌握平面图形与立体图形之间的联系,掌握一些常见立体图形的平面展开图.像本题,考试时间紧张,推荐同学们掌握方法二.

易错点二 不能灵活运用基础作图解决相关问题

案例2 如图,正三棱柱的底面周长为9,截去一个底面周长为3的正三棱柱,所得几何体的俯视图的周长是_____.

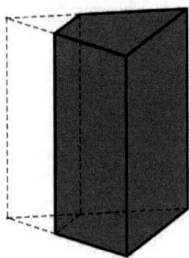

【考点涉及】简单图形的三视图.

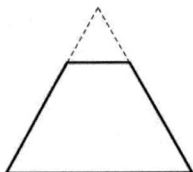

【错解呈现】如图所示,几何体的俯视图的周长为9-3=6.

【错点查找】(仔细阅读上面的"错题呈现",并将其中错误之处勾画出来)

从俯视图中可观察到,截去一个底面周长为3的正三棱柱之后,所得几何体的俯视图为一个等腰梯形.

【出错归因】四基性失误:基本数学经验缺乏.

【正解参考】如图所示,截去一个底面周长为3的正三棱柱之后,所得几何体的俯视图为一个等腰梯形,其周长为2×2+1+3=8.故答案填:8.

【反思明理】本题要借助立体图形与平面图形的相互转换,将问题简化,利用周长之比得出相似比,继而得出等腰梯形的上底长,最后得出答案.

第2课 图形平移、对称与旋转

★ 知识点——应知应懂 ★

1. 图形的轴对称

(1)轴对称的概念.

(2)轴对称的基本性质.

(3)画简单平面图形关于给定对称轴的对称图形.

(4)等腰三角形、矩形、菱形、正多边形、圆的轴对称性及其相关性质.

(5)轴对称图形的概念及生活中的轴对称图形.

2. 图形的平移

(1)平移的概念.

(2)平移的基本性质.

(3)作简单平面图形平移后的图形.

(4)平移在现实生活中的应用.

3. 图形的旋转

(1)旋转的概念.

(2)旋转的性质.

(3)中心对称、中心对称图形.

(4)中心对称的基本性质.

(5)线段、平行四边形、正多边形、圆的中心对称性.

(6)作简单平面图形旋转后的图形.

(7)旋转在现实生活中的应用.

(8)利用轴对称、旋转、平移进行图案设计.

★ 易错点——辨误明理 ★

(1)不能挖掘图形的隐含条件.

(2)考虑问题不全面,分散的条件不会集中和整合.

(3)不能合理利用相关性质解决最短路径问题.

★ 析案例——避误纠错 ★

易错点一 不能挖掘图形的隐含条件

案例1 如图,把△ABC沿着BC的方向平移到△DEF的位置,它们重叠部分的面积是△ABC面积的一半.若$BC=\sqrt{3}$,则△ABC移动的距离是(　　)

A.$\dfrac{\sqrt{3}}{2}$　　　　B.$\dfrac{\sqrt{3}}{3}$　　　　C.$\dfrac{\sqrt{6}}{2}$　　　　D.$\sqrt{3}-\dfrac{\sqrt{6}}{2}$

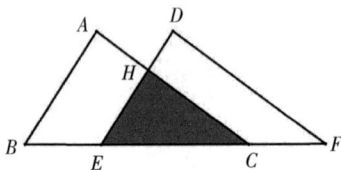

【考点涉及】平移的性质,三角形相似.

【错解呈现】因为重叠部分的面积是△ABC面积的一半,且$BC=\sqrt{3}$,所以△ABC移动的距离为$\dfrac{\sqrt{3}}{2}$,故答案选A.

【错点查找】(仔细阅读上面的"错题呈现",并将其中错误之处勾画出来)

错误运用面积比与移动距离的关系.

【出错归因】四基性失误:缺乏基本数学活动经验,不能挖掘图形变换中的隐含条件.

【正解参考】∵△ABC沿着BC的方向平移到△DEF的位置,

∴AB∥DE,△ABC∽△HEC,

∴$\dfrac{S_{\triangle HEC}}{S_{\triangle ABC}}=(\dfrac{EC}{BC})^2=\dfrac{1}{2}$,

∴$EC:BC=1:\sqrt{2}$,

又$BC=\sqrt{3}$,∴$EC=\dfrac{\sqrt{6}}{2}$,

∴△ABC移动的距离$BE=BC-EC=\sqrt{3}-\dfrac{\sqrt{6}}{2}$.故答案选D.

【反思明理】本题考查了平移的性质,掌握平移后线段平行且相等(或在同一条直线上)是解决本题的关键.

案例2 如图,正方形ABCD的边长为1,AC,BD是对角线,将△DCB绕点D顺时针旋转45°得到△DGH,HG交AB于点E,连接DE交AC于点F,连接FG,则下列结论:

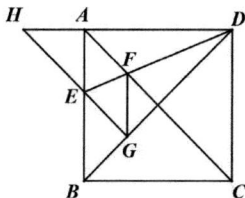

①四边形AEGF是菱形;

②△AED≌△GED;

③∠DFG=112.5°;

④BC+FG=1.5.

其中正确的结论是_____.(填写所有正确结论的序号)

【考点涉及】图形的旋转,全等三角形,等腰三角形,菱形的判定.

【错解呈现】①②.

【错点查找】(仔细阅读上面的"错题呈现",并将其中错误之处勾画出来)

因考虑问题不周,或畏惧心理致使所选答案错误或不全.

【出错归因】四基性失误:对图形的变换掌握不够,同时,出于对此类题的畏惧,致使不敢进行下去.

【正解参考】∵△DCB绕点D顺时针旋转45°得到△DGH,

∴HD=BD=$\sqrt{2}$.

∴HA=$\sqrt{2}$-1.

∵∠H=45°,∠HAE=90°,

∴△HAE为等腰直角三角形.

∴AE=$\sqrt{2}$-1,HE=2-$\sqrt{2}$.

∴EB=1-($\sqrt{2}$-1)=2-$\sqrt{2}$,

又△EGB为等腰三角形,EG=$\sqrt{2}$-1.

∵EA=EG且EA⊥DA,EG⊥DG,

∴ED平分∠ADG.

∴∠EDG=22.5°.

又∠DCA=45°,∠CDG=45°,

∴∠CDF=∠CFD=67.5°,

∴CF=CD=1,AF=$\sqrt{2}$-1,

∴四边形AEGF是菱形且△AED≌△GED.

∴∠FGD=∠ABD=45°,

故选①②③.

【反思明理】本题主要考查旋转的性质,图形的旋转要注意旋转方向和旋转角度,旋转后的图形大小和形状与原图形完全一样.

易错点二 考虑问题不全面,分散的条件不会集中和整合

案例3 如图,点P是正△ABC内的一点,且满足PA=3,PC=4,PB=5,求∠APC的度数.

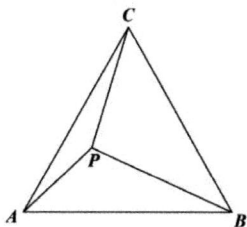

【错解呈现】无从下手.

【错点查找】(仔细阅读上面的"错题呈现",并将其中错误之处勾画出来)

无.

【出错归因】四基性失误:基本数学活动经验不足,以致无从下手;

心理性失误:缺乏韧劲,遇难而退.

【正解参考】如图,以点 A 为旋转中心,将点 P 逆时针旋转60°,得到点 P',连接 CP',PP'.

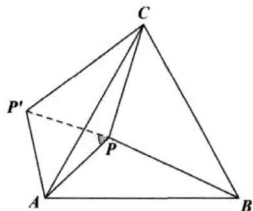

易知,△APP' 为等边三角形,

∴ $PP'=PA=3$,∠$APP'=60°$.

∴ △$APB≌△AP'C$(SAS).

∴ $P'C=PB=5$,

∴ $P'P^2+PC^2=3^2+4^2=5^2=P'C^2$,

∴ ∠$P'PC=90°$.

∴ ∠$APC=∠APP'+∠P'PC=60°+90°=150°$.

【反思明理】图形的旋转是初中阶段所学三大全等变换之一,根据全等三角形的性质"对应边相等",可以将一些数量上有明显的关系,但位置上较为零散的线段聚集在一起,这对解题会起到至关重要的作用.要在学习中多多领会化归思想,化未知为已知,充实自己的数学认知经验.

案例4 如图,已知正方形 $ABCD$ 的边长为2,点 M 是对角线 BD 上一点,连接 MC,试求 $BM+2MC$ 的最小值.

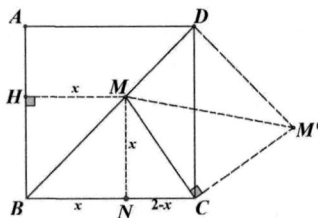

【错解呈现】错解一:如图,过点 M 作 $MH \perp AB$ 于点 H,以点 C 为旋转中心,将点 M 顺时针旋转 $90°$ 得到点 M',故

$$BM+2MC=\sqrt{2}\left(\frac{\sqrt{2}}{2}BM+\sqrt{2}MC\right)=\sqrt{2}(MH+MM'),$$

所以,当且仅当点 H, M, M' 共线时,有 $BM+2MC$ 的最小值,此时点 M 为 BD 中点,

所以 $BM+2MC$ 的最小值为 $\sqrt{2}(1+2)=3\sqrt{2}$.

错解二:如图,过点 M 作 $MH \perp AB$ 于点 H,$MN \perp BC$ 于点 N,以点 C 为旋转中心,将点 M 顺时针旋转 $90°$ 得到点 M'.

设 $BN=x$,则 $MH=x$,$NC=2-x$,$BM=\sqrt{2}x$,

$MC=\sqrt{MN^2+NC^2}=\sqrt{x^2+(2-x)^2}=\sqrt{2x^2-4x+4}$,

$\therefore BM+2MC=\sqrt{2}x+\sqrt{2x^2-4x+4}$.

至此,利用初中数学的方法已经进行不下去,解决不了这个问题.

【错点查找】(仔细阅读上面的"错题呈现",并将其中错误之处勾画出来)

在错解一中,主要是因为点 M 是动点,在运动的过程中,点 H, M' 也随之运动,故三者都是动点,在求 $BM+2MC$ 的最小值时,简单地利用三点共线就不适用;

在错解二中,利用解析法解决最值问题,一方面,初中阶段函数手段欠佳,欠完善;另一方面,几何题型有其独特的魅力,巧解一道几何题需要掌握一些经典模型.

【出错归因】四基性失误:基本数学知识、基本数学能力、基本数学思想方法和基本数学活动经验不足.

【正解参考】如图1,连接 MA,以点 B 为旋转中心,将 $\triangle BMC$ 顺时针旋转 $60°$,得到 $\triangle BM'C'$,连接 MM'.

易知 $MC=M'C'$,$\triangle BMM'$ 是等边三角形,

∴$BM=MM'$,

∴$BM+2MC=BM+MA+MC=MM'+MA+M'C'$,

故当且仅当点 A,M,M',C' 四点共线时,有 $BM+2MC$ 的最小值,

如图2,过点 C' 作 $C'H\perp AB$ 交 AB 的延长线于点 H.

易知 $\angle C'BH=180°-\angle ABC'=180°-2\times45°-60°=30°$,

∴$C'H=BC'\cdot\sin\angle C'BH=BC\cdot\sin30°=2\times\frac{1}{2}=1$,

$BH=BC'\cdot\cos\angle C'BH=BC\cdot\cos30°=2\times\frac{\sqrt{3}}{2}=\sqrt{3}$,

∴$AC'=\sqrt{AH^2+C'H^2}=\sqrt{(2+\sqrt{3})^2+1^2}=\sqrt{8+4\sqrt{3}}=\sqrt{2}+\sqrt{6}$.

即 $BM+2MC$ 的最小值为 $\sqrt{2}+\sqrt{6}$.

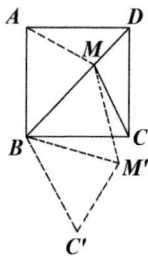
图1

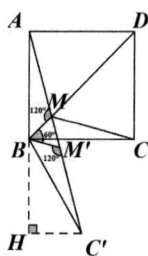
图2

【反思明理】本题实则为费马点问题,精妙之处在于将 $2MC$ 转化为 $MA+MC$,利用旋转 $60°$ 构造等边三角形实现分散线段和的最小值问题,体现了转化的数学思想.此题还可反向求解,见"错解呈现"中演练.

案例5 如图,在邻等四边形 $ABCD$ 中,$AD=CD$,$\angle ABC=120°$,$\angle ADC=60°$,$AB=2$,$BC=1$.

求:(1)BD 的长;

(2)四边形$ABCD$的面积.

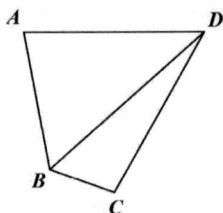

【错解呈现】如图,过点B作$BH \perp AD$于点H,欲在$Rt \triangle ABH$或$Rt \triangle BHD$中利用勾股定理求解.

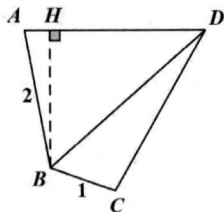

【错点查找】(仔细阅读上面的"错题呈现",并将其中错误之处勾画出来)

题干中提供了两个特殊角,即120°和60°,未充分利用.

【出错归因】

思维定式:认为求相关线段长,就要用到勾股定理.

经验性失误:基本能力掌握不牢靠,认知结构和能力结构不健全、不完善,数学方法没领会.

【正解参考】(1)如图,以点D为旋转中心,将点B逆时针旋转60°,得到点B',连接CB',DB'.

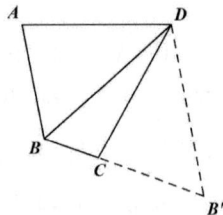

易得$\triangle BDB'$为等边三角形,$\angle BDB'=60°$,

$\therefore \angle ADB=\angle ADC-\angle BDC=60°-\angle BDC=\angle CDB'$,

$\because \angle ABC=120°$,$\angle ADC=60°$,

$\therefore \angle BAD+\angle BCD=360°-\angle ABC-\angle ADC=360°-120°-60°=180°$.

在$\triangle DAB$和$\triangle DCB'$中,

$$\because \begin{cases} AD = CD, \\ \angle ADB = \angle CDB', \\ DB = DB', \end{cases}$$

$\therefore \triangle DAB \cong \triangle DCB'(\text{SAS})$,

$\therefore \angle BCD + \angle DCB' = \angle BCD + \angle BAD = 180°$,

$\therefore$ 点 B, C, B' 三点共线,

$\therefore BD = BB' = BC + CB' = BC + AB = 1 + 2 = 3.$

(2)四边形 $ABCD$ 的面积 $S = S_{\triangle ABD} + S_{\triangle BCD}$

$$= S_{\triangle B'CD} + S_{\triangle BCD} = S_{\triangle BDB'}$$

$$= \frac{\sqrt{3}}{4} BD^2 = \frac{\sqrt{3}}{4} \times 3^2$$

$$= \frac{9\sqrt{3}}{4}.$$

【反思明理】本题主要从两个特殊角出发,不难发现此题中,点 A, B, C, D 四点共圆,由此想到旋转,可以将解题方法归纳为:等边共等角.

其次在做类似题目时,要熟知几个特殊三角形的相关公式.

1.等边三角形.

设其边长为 a,则

(1)高:$h = a \cdot \cos 30° = \frac{\sqrt{3}}{2} a$;

(2)面积:$S = \frac{1}{2} ah = \frac{1}{2} a \cdot \frac{\sqrt{3}}{2} a = \frac{\sqrt{3}}{4} a^2.$

(3)内切圆的半径:$r = \dfrac{\frac{a}{2}}{\tan 30°} = \frac{\sqrt{3}}{6} a$;

(4)外接圆的半径:$R = 2r = \frac{\sqrt{3}}{3} a.$

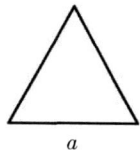

2.等腰直角二角形.

设其直角边为 x,则

(1)斜边:$\sqrt{2} x$;

(2)斜边上的高:$\frac{\sqrt{2}}{2} x$;

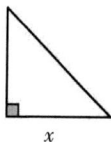

（3）面积：$S = \dfrac{1}{2}x^2$；

（4）内切圆半径：$r = \dfrac{2-\sqrt{2}}{2}x$；

（5）外接圆半径：$R = \dfrac{\sqrt{2}}{2}x$.

3. 顶角为120°的等腰三角形.

设其腰为m，则

（1）底：$\sqrt{3}\,m$；

（2）底上的高：$h = \dfrac{m}{2}$；

（3）面积：$S = \dfrac{1}{2} \times \sqrt{3}\,m \times \dfrac{m}{2} = \dfrac{\sqrt{3}}{4}m^2$.

易错点三　不能合理利用相关性质解决最短路径问题

案例6　如图，已知直线$l_1 // l_2$，且l_1，l_2之间的距离为8，点P到直线l_1的距离为6，点Q到直线l_2的距离为4，$PQ = 4\sqrt{30}$，在直线l_1上有一动点A，直线l_2上有一动点B，满足$AB \perp l_2$，且$PA+AB+BQ$最小，此时$PA+BQ =$ _____.

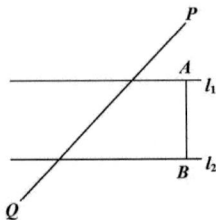

【考点涉及】平移的性质，三角形的三边关系，勾股定理.

【错解呈现】如图，过点P分别作l_1，l_2的垂线，垂足分别为点A，B，过点Q作PA的垂线，垂足为点M，易知$PA=6$，$PM=PA+AB+BM=6+8+4=18$.

在Rt$\triangle PQM$中，由勾股定理可得

$$QM^2 = PQ^2 - PM^2 = (4\sqrt{30})^2 - 18^2 = 156.$$

在Rt$\triangle BMQ$中，由勾股定理可得

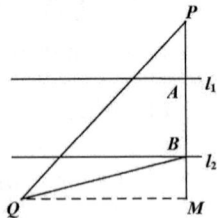

$$BQ = \sqrt{QM^2 + BM^2} = \sqrt{156 + 16} = 2\sqrt{43}.$$

$$\therefore PA + BQ = 6 + 2\sqrt{43}.$$

【错点查找】(仔细阅读上面的"错解呈现",并将其中错误之处勾画出来)

过点 P 分别作 l_1, l_2 的垂线,垂足分别为点 A, B,过点 Q 作 PA 的垂线,垂足为点 M,此时并不能保证 $PA + AB + BQ$ 取得最小值.

【出错归因】逻辑性失误:对此类"建桥问题"缺乏经验,导致推理失误;理解不透,认知结构欠缺.

【正解参考】由题意,$AB = 8$,又满足 $AB \perp l_2$,且 $PA + AB + BQ$ 最小,故 $PA + BQ$ 最小即可.

如图,将点 P 向下平移8个单位得到点 P',连接 $P'Q$ 交 l_2 于点 B,过点 B 作 l_1 的垂线,垂足为点 A,过点 Q 作 PP' 的垂线,垂足为点 M,此时 $PA + BQ = P'B + BQ = P'Q$ 有最小值.

$P'M = (8 + 6 - 8) + 4 = 10$,$PM = PP' + P'M = 8 + 10 = 18$,

在 Rt$\triangle PQM$ 中,由勾股定理可得

$$QM^2 = PQ^2 - PM^2 = (4\sqrt{30})^2 - 18^2 = 156.$$

在 Rt$\triangle P'QM$ 中,由勾股定理可得

$$P'Q = \sqrt{QM^2 + P'M^2} = \sqrt{156 + 100} = 16.$$

$$\therefore PA + BQ = P'B + BQ = P'Q = 16.$$

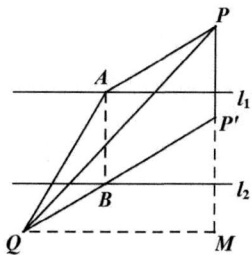

【反思明理】该问题是几何最值问题中非常经典的"建桥问题",可将解决方案形象地概括为"过桥拆河",即利用平行四边形的知识,先平移"桥"的长度,再到达"河对岸".如上图,实际"过桥"路线为 $P \to A \to B \to Q$,其与路线 $P \to P' \to B \to Q$ 等长,只是更换了顺序,但方便我们解题,平时需多多总结相关解题模型,在理解的基础上加以运用.

第3课　图形变换的综合应用

★ 易错点——辨误明理 ★

零散的条件,不会整合.

★ 析案例——避误纠错 ★

易错点　零散的条件,不会整合

案例1　如图,在 Rt△ABC 中,∠ACB=90°,∠A=30°,AC=$4\sqrt{3}$,BC 的中点为 D.将△ABC 绕点 C 顺时针旋转任意一个角度得到△FEC,EF 的中点为 G,连接 DG.在旋转的过程中,求 DG 的最大值.

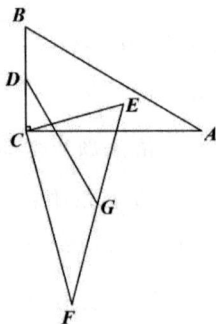

【考点涉及】旋转的性质,全等三角形,三角形三边关系.

【错解呈现】∵点 G 是 EF 的中点,取 AB 的中点记作 G′,连接 DG′.

∴DG′ 是△ABC 的中位线,

$\therefore DG$ 的最大值为 $DG'=\dfrac{1}{2}AC=\dfrac{1}{2}\times4\sqrt{3}=2\sqrt{3}.$

【错点查找】(仔细阅读上面的"错题呈现",并将其中错误之处勾画出来)

基本数学经验缺乏,未能从题干中获取有用的信息,胡乱作辅助线.

【出错归因】四基性失误:能力结构缺陷,数学思想领悟不透,基本数学活动经验不足,未能切中问题本质.

策略性失误:审题浮浅,理解肤浅,缺乏对问题的整体性把握,导致答非所问,不知所云.

【正解参考】连接 $CG.$

在 Rt$\triangle ACB$ 中,$\angle A=30°,$

$AC=4\sqrt{3},\therefore AB=8,$

$BC=4.$

由旋转可知,$\triangle ABC\cong\triangle FEC,$

$\therefore CG=\dfrac{1}{2}EF=\dfrac{1}{2}AB=4,$

$CD=\dfrac{1}{2}BC=2.$

在 $\triangle CDG$ 中,由三角形三边关系可知:

$DG<CD+CG,$ 当且仅当 C,D,G 三点共线时,取等号.

即 $DG\leqslant CD+CG=2+4=6.$

$\therefore DG$ 的最大值为 $6.$

【反思明理】①动中取静;②巧用三角形三边关系;③化归思想的运用.

案例2　如图,在平面直角坐标系中,四个小正方形的边长为 1 个单位长度,给出了格点 $\triangle ABC$ 和直线 $l.$

(1)画出 $\triangle ABC$ 关于直线 l 对称的 $\triangle A_1B_1C_1,$ 并写出点 A_1 的坐标.

(2)画出 $\triangle A_1B_1C_1$ 以点 C_1 为旋转中心,逆时针旋转 90° 得到 $\triangle A_2B_2C_2.$

(3)在(2)的条件下,试求边 B_1C_1 扫过的面积.

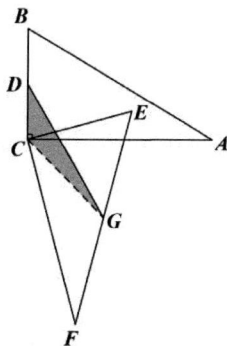

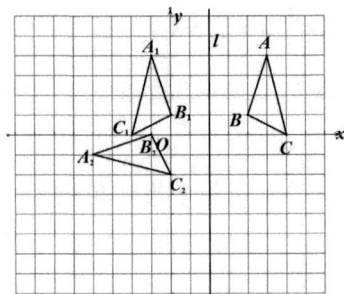

【错解呈现】

(1)如图所示,△$A_1B_1C_1$即所作,点A_1的坐标为$(-1,4)$.

(2)如图所示,△$A_2B_2C_2$即所作.

(3)设边A_1B_1扫过的面积为S,则

$$S = \frac{90\pi \cdot 4^2}{360} - \frac{90\pi \cdot (\sqrt{2})^2}{360} = \frac{7\pi}{2}.$$

【错点查找】(仔细阅读上面的"错题呈现",并将其中错误之处勾画出来)

①忽略单位长度,习惯性地认为一个小格子即为一个单位长度,以致点的坐标写错;②旋转三要素找错,在研究旋转问题时,应当严格按照先确定原图形、再确定旋转中心、旋转方向、旋转角的顺序,以免出现认知不清的低级错误.

【出错归因】①思维定势;②基本数学活动经验不足.

【正解参考】(1)如图所示,△$A_1B_1C_1$即所作,点A_1的坐标为$(-\frac{1}{4},1)$.

(2)如图所示,△$A_2B_2C_2$即所作.

(3)设边A_1B_1扫过的面积为S,$C_1B_1 = \frac{\sqrt{5}}{4}$,$C_1A_1 = \frac{\sqrt{17}}{4}$,则

$$S = \frac{90\pi \cdot (\frac{\sqrt{17}}{4})^2}{360} - \frac{90\pi \cdot (\frac{\sqrt{5}}{4})^2}{360} = \frac{3}{16}\pi.$$

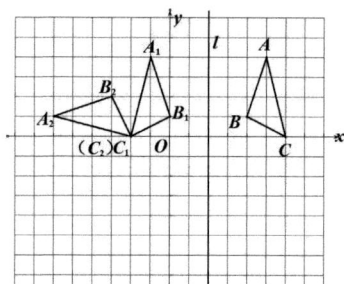

【反思明理】

做题归纳：①确定单位长度；②确定原图形；③标明旋转三要素；④有序确定对应点；⑤顺次连接对应点.

数学思考：已知某条线段绕着旋转中心旋转一定角度，求其扫过的面积时，由于该线段的两个端点与旋转中心所围成的三角形形状不同，应当分为三种情况，线段AB以点O为旋转中心，逆时针旋转90°，求线段AB扫过的面积.见下图：

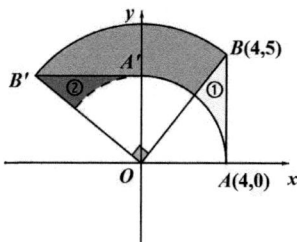

图1

（1）当$\triangle ABO$是以$\angle AOB$为直角的直角三角形时，如图1，易知区域①与区域②的面积相等，故线段AB扫过的面积为$S = \dfrac{90\pi \cdot OB^2}{360} - \dfrac{90\pi \cdot OA^2}{360} = \dfrac{90\pi}{360}(OB^2 - OA^2) = \dfrac{90\pi}{360}\left[(4^2 + 5^2) - 4^2\right] = \dfrac{25}{4}\pi.$

（2）当$\triangle ABO$是以$\angle OAB$为钝角的钝角三角形时，如图2，同样易得，区域①与区域②的面积相等，故线段AB扫过的面积为

$$S = \dfrac{90\pi \cdot OB^2}{360} - \dfrac{90\pi \cdot OA^2}{360} = \dfrac{90\pi}{360}(OB^2 - OA^2) = \dfrac{90\pi}{360}\left[(6^2 + 2^2) - 4^2\right] = $$

$6\pi.$

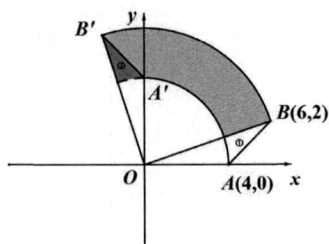

图2

（3）当△ABO是锐角三角形时，如图3，无法利用常规方法求出线段AB扫过的面积．

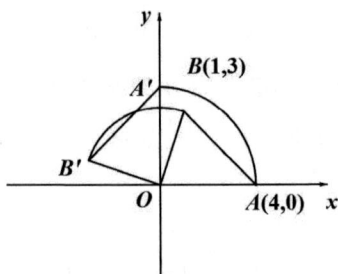

图3

我们可将上述情况（3）简化，如图4，△ABC是以∠ACB为顶角的等腰三角形，现以点C为旋转中心，将△ABC逆时针旋转90°．

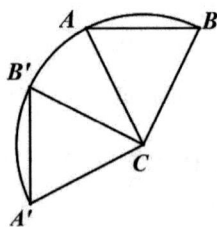

图4

此时，点A，B，A′，B′四点共圆，而线段AB扫过的面积应当是其中一条腰与低边上的高所扫过的面积，如图5所示．

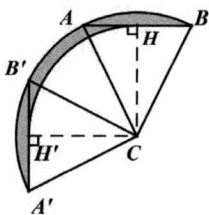

图5

面积应为一个扇环面积加上一个弓形面积,计算过程留给读者自己完成,相信你一定能做好.至于一般锐角三角形的情况,需要用到微积分,中学阶段不做研究.

案例3 已知四边形 $ABCD$ 中,$AB=AD$,对角线 AC 平分 $\angle DAB$,过点 C 作 $CE \perp AB$ 于点 E,点 F 为 AB 上一点,且 $EF=EB$,连接 DF.

(1)求证:$CD=CF$;

(2)连接 DF,交 AC 于点 G,求证:$\triangle DGC \backsim \triangle ADC$;

(3)若点 H 为线段 DG 上一点,连接 AH,若 $\angle ADC=2\angle HAG$,$AD=3$,$DC=2$,求 $\dfrac{FG}{GH}$ 的值.

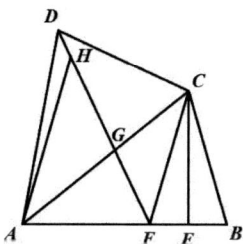

【考点涉及】轴对称的性质,全等三角形,等腰三角形,相似三角形.

【错解呈现】(1)∵AC 平分 $\angle DAB$,∴$\angle DAC=\angle BAC$,

在 $\triangle BAC$ 和 $\triangle DAC$ 中,

$$\because \begin{cases} AB = AD, \\ \angle BAC = \angle DAC, \\ AC = AC, \end{cases}$$

∴$\triangle BAC \cong \triangle DAC(\text{SAS})$,

$\therefore CD=CB.$

又 $CE \perp AB, EF=EB, \therefore CE$ 是线段 FB 的垂直平分线,

$\therefore CB=CF,$

$\therefore CD=CF.$

(2)只能得出 $\angle ACD=\angle DCG$,得不出第二个角相等,或两夹边对应成比例.

(3)面对复杂的边角关系,无从下手.

【错点查找】(仔细阅读上面的"错题呈现",并将其中错误之处勾画出来)

针对较复杂的几何综合题,不会整合边角关系,提取不到所需条件.

【出错归因】心理性失误:畏惧心理使得推理无法进行下去.

四基性失误:缺乏相关的数学活动经验.

【正解参考】(1)$\because AC$ 平分 $\angle DAB, \therefore \angle DAC=\angle BAC,$

在 $\triangle BAC$ 和 $\triangle DAC$ 中,

$$\because \begin{cases} AB = AD, \\ \angle BAC = \angle DAC, \\ AC = AC, \end{cases} \therefore \triangle BAC \cong \triangle DAC(\text{SAS}),$$

$\therefore CD=CB,$

又 $CE \perp AB, EF=EB, \therefore CE$ 是线段 FB 的垂直平分线,

$\therefore CB=CF,$

$\therefore CD=CF.$

(3)由(1)得 $CD=CF,$

故可设 $\angle CDF=\angle CFD=\alpha, \angle CBF=\angle CFB=\angle CDA=\beta,$

$\therefore \angle ADG=\angle CDA-\angle CDF=\beta-\alpha,$

$\therefore \angle DAB=\angle DFB-\angle ADG=(\alpha+\beta)-(\beta-\alpha)=2\alpha,$

$\therefore \angle DAC=\dfrac{1}{2}\angle DAB=\dfrac{1}{2} \times 2\alpha=\alpha,$ 即 $\angle DAC=\angle GDC,$

又 $\angle ACD=\angle DCG,$

∴△DGC∽△ADC.

(3)由(2)得△DGC∽△ADC,所以∠ADC=∠DGC,

又∠ADC=2∠HAG,∴∠DGC=2∠HAG,

∴∠AHG=∠HAG,

∴GH=GA,

又∠DAC=∠GDC=∠FAG,∠DGC=∠AGF,故△DGC∽△AGF,

又AD=3,DC=2,

$$\therefore \frac{FG}{GH}=\frac{FG}{GA}=\frac{CG}{GD}=\frac{CD}{DA}=\frac{2}{3}.$$

【反思明理】本题是中等难度的几何综合题,考查的知识点较为常见,若是单一考查,相信同学们都没有什么问题.这里是一道整合大题,一方面需要同学们拥有良好的心态以及自信心,另一方面,需要大家在平时的学习过程中,养成数学建模的习惯.比如,本题中第(3)问,∠ADC=2∠HAG,在第(2)问中得出相似后,利用相似的性质得出∠ADC=∠DGC,等量代换得到∠DGC=2∠HAG,这是一个等腰三角形的模型,即等腰三角形顶角的邻补角是其底角的两倍,反之,则为等腰三角形的判定,再利用等边对等角,得出所需的相等的线段.